D1374595

KIPPENVEL

DE VLOEK VAN DE FARAO

Bezoek onze website voor informatie
over uitgeverij Kluitman en de auteurs:
www.kluitman.nl

Omslagontwerp: Nils Swart Design/Design Team Kluitman.
Dit boek is gedrukt op chloorvrij gebleekt papier.
Nederlandse vertaling: Annemarie Hormann

Nugi 223/L089806

Published by arrangement with Scholastic Inc., 555 Broadway, New York, NY 10012, USA.
Oorspronkelijke titel: Goosebumps - The Curse of the Mummy's Tomb.

KIPPENVEL

De Vloek van de Farao

R.L. Stine

Geïllustreerd door
Herman Tulp

6e druk

KLUITMAN

KIPPENVEL

Monsterbloed
Ga niet naar de kelder
De toekomst in beeld
We zijn niet alleen
Het spookt bij de buren
Eet smakelijk...
Het masker
Kamp Nachtmerrie
Horrorland
Monsterbloed II
De getikte klok
De vloek van de farao
Koppensnellers!

HOOFDSTUK 1

„Wàt?!" Adrian Palmer hapte geschrokken naar adem. „En ik dan? Moet ik in m'n eentje hier blijven?"

Meneer Palmer keek hulpzoekend naar zijn vrouw. „Tja, eh..."

Adrian verbleef met zijn ouders in Caïro. Ze waren hier naartoe gekomen omdat Adrians ouders een paar zaken moesten afhandelen in Alexandrië. Voor die tijd hadden ze de piramides willen bezichtigen en een bezoek willen brengen aan oom Ben, de broer van Adrians vader, die in Egypte woonde. Maar nu was hun hele schema in de war geschopt door een telefoontje uit Alexandrië, dat ze zojuist hadden gekregen.

„We boffen al dat we nog twee plaatsen konden krijgen in het vliegtuig," legde Adrians moeder uit. „En die klant is zo belangrijk, dat we deze afspraak niet kunnen laten lopen."

„Moet ik dan maar in m'n eentje naar de piramides gaan kijken?" vroeg Adrian kwaad. Hij kon zich niet voorstellen dat zijn ouders hem werkelijk alleen zouden achterlaten in een hotel midden in Caïro.

Mevrouw Palmer veerde overeind van de bank. „Natuurlijk laten we je niet in je eentje achter. Ik was van plan om oom Ben te bellen. Misschien kun je zolang bij hem logeren."

„Oom Ben?" Adrian wist even niet meer wat hij moest zeggen.

Ben Palmer was een beroemde archeoloog. Hij was al

maanden met een groep medewerkers aan het werk in de Grote Piramide van farao Khufu, in de hoop zijn grafkamer te ontdekken.

Adrian wist dat zijn oom van jongs af aan geboeid was geweest door het land van de farao's. Ben Palmer woonde nu al heel wat jaren in Egypte en hij was een gerespecteerde deskundige geworden op het gebied van piramides en mummies. Zijn artikelen verschenen in allerlei vakbladen en regelmatig was hij op tv te zien in documentaires.

Jaren geleden had Adrian zijn oom voor het laatst gezien. In zijn herinnering was oom Ben nogal vreemd, heel verstrooid en verschrikkelijk vergeetachtig. Aan de andere kant was hij altijd in voor een grapje. „Leuk wel," merkte Adrian aarzelend op.

Mevrouw Palmer liep de slaapkamer in. Adrian hoorde dat zijn moeder een telefoongesprek voerde. Een minuut of vijf later kwam ze breed lachend terug. „Ik heb oom Ben gesproken."

Adrian keek op. „Was hij nog aan het werk in de piramide?"

„Nee. Hij was thuis. In zijn huis in al-Jizah," antwoordde mevrouw Palmer. „Oom Ben blijft bij je zolang je vader en ik in Alexandrië zijn."

„Oké," stemde Adrian in. Het gezelschap van zijn oom was best leuk. Misschien mocht hij zelfs wel in de Grote Piramide! Vanaf het moment dat hij had gehoord dat ze naar Egypte zouden gaan, had Adrian zich afgevraagd hoe een piramide er van binnen uit zou zien. Zouden er veel grafkamers in zo'n ding zijn? Misschien lagen er wel mummies in sarcofagen!

„Er is alleen nog één kleinigheidje." De ogen van mevrouw Palmer glinsterden even, alsof ze een binnenpretje had. „Ik hoop niet dat je het erg vindt..."

„Vast niet." Adrian schudde zijn hoofd.

„Sari is er ook. Ze brengt de vakantie door bij haar vader."

„Nee hè!" Adrian liet zich met een kwaad gezicht op de bank vallen en sloeg woest met zijn vuist op de armleuning.

Sari was Ben Palmers dochter en Adrians enige nichtje. Haar ouders waren gescheiden en Sari logeerde af en toe in de vakantie bij haar vader in Egypte. Adrian en zij waren ongeveer even oud en ze hadden al van jongs af aan een enorme hekel aan elkaar.

Sari Palmer was een grote opschepster, vond Adrian, en nog een ijdeltuit ook. Bovendien was Sari de laatste keer dat Adrian haar had gezien, vijf centimeter groter geweest dan hij. Zijn nichtje had hem dat natuurlijk voortdurend onder zijn neus gewreven door hem spottend 'dwerg' te noemen.

Adrian knarsetandde. Dat hij nu gedwongen was om in de vakantie met dat verwaande schepsel op te trekken, stond hem helemaal niet aan.

„Adrian, hou daarmee op." Mevrouw Palmer pakte de arm van haar zoon vast en trok hem overeind.

„Stel je niet zo aan, het is al tijden geleden dat je Sari voor het laatst hebt gezien," vond zijn vader. „Misschien valt ze nu reuze mee."

„Dat lijkt me sterk," mompelde Adrian. Hij zuchtte. Het was niet anders. Hij zat met haar opgescheept, of hij wilde of niet.

„Je gedraagt je wel een beetje bij oom Ben, hè?" vroeg zijn moeder.

Hij zag dat zijn ouders een blik wisselden. „Oké," beloofde hij vlug.

Adrians ouders verdwenen in de slaapkamer om in te pakken.

Adrian pakte de afstandsbediening en zette de tv aan. Hij zapte een aantal kanalen langs, waar uitsluitend nieuwsuitzendingen en praatprogramma's op te zien waren, tot hij bij de laatste zender kwam. Daar was een spelshow aan de gang, zag hij. De deelnemers lagen om de haverklap dubbel van het lachen. Adrian begreep niet waarom, want hij verstond natuurlijk geen woord van wat er gezegd werd.

Een paar minuten later kwamen zijn ouders de slaapkamer weer uit, ieder met een zware reistas in de hand.

„We halen dat vliegtuig nooit," voorspelde meneer Palmer pessimistisch.

„Blijf jij hier op oom Ben wachten, Adrian?" Mevrouw Palmer streek haar haren naar achteren. „Hij is hier over een uurtje of anderhalf. Je vindt het toch niet erg om zolang alleen te moeten blijven, hè?"

Adrian keek gealarmeerd op. Hij had er helemaal niet bij stilgestaan dat zijn oom hier nog een heel eind vandaan woonde. Dus hij moest hier in z'n eentje blijven wachten, hier in dit rare hotel in een vreemde stad, terwijl hij niet eens de taal sprak of verstond. Wat moest hij doen als er iets gebeurde? Zo goed was zijn Engels nou ook weer niet. Bovendien hadden zijn ouders zo nodig weer zo'n 'authentiek' hotelletje moeten boeken, wat betekende dat hier vrijwel geen toeristen logeerden en dat het personeel nauwelijks een woord Engels sprak.

Adrian zag de bezorgde blik op het gezicht van zijn moeder en hij besloot om zich niet te laten kennen. Hij haalde onverschillig zijn schouders op. „Geen probleem. Ik red me wel. Ik blijf hier tv kijken totdat oom Ben komt."

„Eerlijk gezegd hadden we ook niet anders van je verwacht." Mevrouw Palmer liep naar de spiegel in de gang en stiftte haar lippen. „Oom Ben weet ook waar hij ons kan bereiken. Voor ik het vergeet, het adres ligt ook in de la van mijn nachtkastje."

„Waar blijft die jongen nou?" Meneer Palmer liep zenuwachtig heen en weer in het gangetje tussen de deur en de kamer. „Ik heb al tien minuten geleden naar beneden gebeld om te vragen of iemand de tassen kon komen halen. Met mijn slechte rug ga ik die zware dingen niet door het hotel sjouwen."

„Jij blijft hier dus op oom Ben wachten, beloof je dat?" Adrians moeder liep zonder aandacht te schenken aan haar man, naar de bank. Ze bukte zich en gaf haar zoon een zoen. „Niet de straat opgaan of zo. Je blijft hier in de hotelkamer. Afgesproken?"

„Ik verroer geen vin," beloofde Adrian zijn moeder. „Ik

blijf stokstijf op de bank zitten. Ik ga zelfs niet naar de wc."

„Hè, kun je nou nooit eens gewoon reageren?" Mevrouw Palmer schudde geërgerd haar hoofd.

Op dat ogenblik werd er op de deur geklopt. De piccolo, een magere, oude man die er uitzag of hij niet eens een veren kussen kon optillen, was gearriveerd om de bagage te halen.

Meneer en mevrouw Palmer kwamen allebei tegelijk in actie. Ze gaven Adrian nog een paar laatste aanwijzingen, en verzochten hem opnieuw met klem in de kamer te blijven. Even later viel de deur achter hen dicht.

Adrian pakte de afstandsbediening en zette het geluid van de tv wat harder. De spelshow was afgelopen en nu las een donkere man in een wit kostuum het nieuws voor in het Arabisch.

Adrian keek ernaar. Een onbehaaglijk gevoel bekroop hem. Hij slikte even om de vreemde, dikke prop in zijn keel weg te werken. Daarna stond hij op van de bank, liep naar het raam en keek naar buiten.

De zon was achter de wolkenkrabber aan de overkant verdwenen. De schaduw van het gebouw viel schuin over de straat en over het hotel.

Adrian draaide zich weer om en slenterde terug naar de bank. Opeens begon zijn maag te rommelen. Daardoor kwam hij tot het besef dat hij honger had. Hij had ook al uren niets meer gegeten. Adrian aarzelde even. Zou hij de roomservice bellen?

Bij nader inzien besloot hij dat maar niet te doen. Stel je

voor dat hij iemand aan de telefoon kreeg die alleen Arabisch sprak.

Hij wierp een blik op de klok. Tien voor half acht. Hoe laat zou zijn oom komen? Het kon nu toch niet meer lang duren. Niet dat hij bang was, hield Adrian zichzelf vlug voor. Hij vond het alleen niet erg gezellig zo in z'n eentje.

Langzaam liep hij een paar keer heen en weer door de kamer. Ten slotte pakte hij zijn spelcomputer van het tafeltje naast zijn slaapbank en probeerde zich te concentreren op een spelletje. Het lukte hem echter niet.

Waar bleef zijn oom toch? vroeg Adrian zich af. Die anderhalf uur was allang om. Waarom deed hij er zo lang over? En zou Sari meekomen? Hij nam aan van wel.

Zonder dat hij het wilde, kwamen er allerlei angstaanjagende gedachten in Adrian op. Stel nou eens dat zijn oom het hotel niet kon vinden? Of dat hij was verdwaald en naar het verkeerde hotel ging?

Misschien waren zijn oom en Sari wel betrokken geraakt bij een verkeersongeval en lagen ze nu in het ziekenhuis. Wie zou hem dan waarschuwen? Niemand wist dat Adrian hier op hen zat te wachten!

Adrian schudde zijn hoofd. Zo moest hij niet denken, daar schoot hij niets mee op. Maar de gedachten borrelden als vanzelf in hem op. Hij stak zijn hand in zijn broekzak en klemde zijn vingers om de kleine mummiehand. Dit was zijn amulet, een voorwerp dat hem al een paar keer geluk had gebracht. De hand was gewikkeld in papierachtig, bruin gaas. Adrian had de hand een paar jaar geleden op een rommelmarkt gekocht en sinds die tijd dag en nacht bij zich gedragen.

De man van wie hij de mummiehand had gekocht, beweerde dat hij het ding in Egypte op de kop had getikt. Hij had Adrian willen wijsmaken dat het een echte mummiehand was en dat hij er geesten mee kon oproepen, maar daar geloofde Adrian geen snars van. Toch was het een leuk idee dat de hand misschien al eeuwen oud was. Wie had nou zo'n ding?

Nu rolde hij de amulet van zijn ene in zijn andere hand en begon weer door de kamer te ijsberen. Het eentonige stemgeluid van de Arabische nieuwslezer werkte op zijn zenuwen en daarom zette Adrian de tv uit.

De stilte die nu in de kamer neerdaalde, had iets onheilspellends. Met de mummiehand in zijn eigen hand bleef Adrian onrustig heen en weer lopen.

Waar zouden oom Ben en Sari nou uithangen? Ze hadden er allang moeten zijn.

Op dat ogenblik hoorde hij een geluid bij de deur. Voetstappen.

Adrian slaakte een zucht van opluchting. Daar zou je ze hebben!

Hij draaide zich om en wilde naar de deur lopen, maar opeens bleef hij stokstijf midden in de kamer staan.

Met bonzend hart staarde Adrian naar de deur, aan de andere kant van het smalle gangetje. In het schemerige licht zag hij dat de deurknop langzaam omdraaide.

Hij voelde een koude rilling over zijn rug lopen. Hé, wat raar. Zijn oom zou toch zeker eerst aankloppen voordat hij binnenkwam? Misschien was het iemand van het hotel! Maar een hotelmedewerker zou toch ook niet zomaar binnen komen stappen?

„Wie..." begon Adrian. De rest van de zin bleef in zijn keel steken.

Piepend en langzaam, heel langzaam, ging de deur open.

Adrian bleef als verstijfd in de kamer staan, niet in staat om zich te bewegen of een woord uit te brengen.

In de deuropening doemde een lange, dreigende gedaante op.

Adrians adem stokte in zijn keel toen de gedaante zich naar voren bewoog en hij hem duidelijker kon zien. Zelfs in het vage licht was er geen twijfel mogelijk.

Een mummie! Er kwam een levensgrote mummie het gangetje in.

Adrian ving een glimp op van ronde, donkere ogen achter de gaten in de oude, dikke windsels.

Met stijve benen wankelde de mummie naar voren, in de richting van Adrian, zijn armen naar voren gestrekt, alsof hij Adrian wilde vastpakken.

Adrian deed zijn mond open om te schreeuwen, maar er kwam geen geluid over zijn lippen.

HOOFDSTUK 2

Adrian deed een stap naar achteren, en daarna nog een. Zonder te beseffen wat hij deed, hief hij zijn amulet hoog in de lucht alsof hij daarmee wilde proberen de indringer af te weren.

Terwijl de mummie in het schemerige licht van de kamer met stijve benen steeds dichter naar hem toe wankelde, staarde Adrian als verlamd in de ronde, donkere ogen.

Plotseling herkende hij ze met een schok.

„Oom Ben!" Verbijsterd smeet Adrian zijn amulet in de richting van de mummie. De hand ketste af tegen de ingezwachtelde borst en viel op de grond.

Zijn oom deed een paar moeizame stappen naar achteren, waar hij steun zocht tegen een muur en in lachen uitbarstte.

Op dat moment verscheen Sari in het smalle gangetje. Ze keek naar haar vader en gierde het ook uit.

Woedend staarde Adrian van de een naar de ander. Zijn hart ging zo wild tekeer, dat hij even bang was dat het uit zijn borst zou springen. „Jullie dachten toch zeker niet dat dit leuk was, hè?" schreeuwde hij verontwaardigd, met gebalde vuisten. Hij haalde een paar keer diep adem om het bonzen van zijn hart tot bedaren te brengen.

„Zei ik het niet? Je bent nog niets veranderd. Nog steeds een vreselijke bangeschijter!" Met een triomfantelijke grijns kwam Sari verder de kamer in.

Adrian klemde zijn tanden op elkaar en nam zich voor om niet te happen. Zijn blik ging naar zijn oom, die zo hard moest lachen dat de tranen over zijn ingezwachtelde gezicht rolden.

Ben Palmer was groot en breed, en de muren trilden bijna van zijn bulderende lach. „Je was toch niet echt bang, Adrian?" hikte hij tussen twee lachbuien door.

„Natuurlijk niet. Ik wist meteen dat u het was," loog Adrian. „Ik herkende u al op het moment dat u binnenkwam."

„Ja hoor! Nou, daar geloof ik mooi niets van." Sari kneep achterdochtig haar ogen samen.

„Het is toch echt zo. Ik wilde het niet meteen voor jullie verpesten." Een beetje benauwd vroeg Adrian zich af of ze nog aan hem kon zien hoe bang hij was geweest.

„Nou, dan kun je goed acteren. Dat gezicht van je!" Opnieuw brulde zijn oom het uit van het lachen.

Sari plofte neer op de bank. „Mijn vader had zich al in de auto verkleed. Hij is zo het hotel in gewaggeld en niemand die hem tegenhield! Lekkere bewaking hier."

Oom Ben bukte zich moeizaam en raapte de mummiehand op, die Adrian naar hem toe had gegooid. „Je houdt wel van een geintje, hè Adrian?" grinnikte hij.

Adrian knikte en ontweek zijn ooms blik. Heimelijk kon hij zichzelf wel iets doen dat hij erin was getuind. Hij had kunnen weten dat zijn oom weer wat zou verzinnen. Zolang hij zich kon herinneren, haalde oom Ben al zulke grappen uit. En nu zat Sari op de bank met een zelfvoldane grijns op haar gezicht naar hem te kijken.

Ben Palmer trok een paar losse zwachtels van zijn gezicht. Daarna wankelde hij met stijve benen naar Adrian toe en gaf hem zijn amulet terug. „Waar heb je deze vandaan?"

„Rommelmarkt," antwoordde Adrian kortaf.

Voor hij wist wat er gebeurde, sloeg Ben Palmer zijn armen om zijn neef heen en drukte hem tegen zich aan. „Leuk om je weer te zien, Adrian," zei hij hartelijk. „Je bent een stuk gegroeid. Volgens mij ben je zelfs groter dan Sari."

Adrian wierp een triomfantelijke blik in de richting van zijn nichtje.

Ben Palmer wenkte zijn dochter. „Kom eens hier en help me dat spul eraf te trekken."

„Doe het zelf," antwoordde Sari brutaal. Adrian had het idee dat ze kwaad was omdat haar vader had gezegd dat Adrian nu groter was.

„Hier komen, Sari," hield Ben Palmer vol.

Sari stond met een zucht op en gooide haar lange, blonde haar over haar schouders. Ze liep naar haar vader toe en begon de zwachtels af te wikkelen.

Oom Ben leunde zwaar op Adrians schouder, terwijl Sari de windsels afrolde.

Adrian vond het onprettig, maar hij durfde de arm van zijn oom niet weg te duwen.

„Je ouders hebben aangeboden dat wij zolang hier in het hotel kunnen logeren," vertelde oom Ben. „En eerlijk gezegd komt dat mij wel goed uit, nu ik aan het werk ben in de Grote Piramide."

„Heeft u de grafkamer van Khufu al gevonden?" informeerde Adrian.

„Mijn vader heeft een heel nieuw gangenstelsel ontdekt," barstte Sari los, nog voordat haar vader de kans kreeg het zelf te vertellen. „Hij werkt nu in een deel van de piramide waar nog nooit iemand is geweest."

„Echt?" riep Adrian vol ontzag uit.

Oom Ben grinnikte vergenoegd. „Wacht maar tot je het ziet."

„Ziet?" Adrian dacht even dat hij zijn oom niet goed verstond. „Bedoelt u dat ik mee mag de piramide in?"

Opeens kon het Adrian niets meer schelen dat zijn oom een vreemde vent was en zijn nichtje een kattenkop. Hij mocht de Grote Piramide in, en nog wel naar een gedeelte waar tot voor kort geen mens was geweest!

„Ik heb weinig keus," zei Ben Palmer droog. „Wat moet ik anders met jullie?"

„Wat heeft u daar allemaal ontdekt?" vroeg Adrian verwachtingsvol. „Zijn er sarcofagen? En liggen er nog schatten? Zijn er mummies?"

„Weet je wel zeker dat je die wilt zien? Ik dacht dat je niet zo dol was op mummies?" vroeg Sari spottend.

Adrian wierp haar een vernietigende blik toe en ging toen demonstratief met zijn rug naar haar toe staan. „Heeft u al zeldzame voorwerpen gevonden, oom Ben?" informeerde hij verder. „Egyptische schatten, en zo? En zijn er muurschilderingen ontdekt?"

„Dat vertel ik je tijdens het eten allemaal wel." Ben Palmer trok de laatste zwachtel los. Onder al het verband droeg hij een geruit sporthemd en een verkreukelde lichte broek. „Kom mee. Ik rammel."

Even later stapten ze beneden de eetzaal van het hotel binnen. De muren van het ruime vertrek waren druk beschilderd en hier en daar stonden kleine palmen. Boven hun hoofden, aan het plafond, draaiden grote, houten ventilatoren. Toch was het hier warm en benauwd. Alleen op de hotelkamers was airconditioning.

Ze gingen met z'n drieën aan een tafeltje zitten. Sari en Adrian naast elkaar, Ben Palmer aan de overkant.

Een ober in een wit pak zette een mand met pitabrood op tafel en een schaaltje met groene saus om stukjes brood in te dopen. Adrian bestelde een hamburger met patat en sla, net als zijn oom. Sari wilde gegrilde kip met patat.

Tijdens het eten vertelde Ben Palmer in het kort wat hij tot nu toe in de Grote Piramide had ontdekt. „Zoals jullie misschien weten," begon hij, terwijl hij een hap van zijn hamburger nam, „is de Grote Piramide rond 2500 voor Christus gebouwd, tijdens de regering van farao Khufu."

„En die ligt daar nu te rusten, met z'n ogen toe," rijmde Sari.

Haar vader grinnikte even, maar Adrian fronste geërgerd zijn wenkbrauwen. Wat had zijn nichtje toch een dom gevoel voor humor!

„Deze piramide was het grootste bouwwerk uit die tijd," vervolgde zijn oom. „Weten jullie hoe groot hij is?"

Sari schudde haar hoofd en haalde haar schouders op.

„Nee. Hoe groot is-ie dan?" vroeg ze met volle mond.

„Om precies te zijn, 53 duizend vierkante meter," antwoordde Adrian met een stalen gezicht.

„Hé joh... dat klopt!"

Adrian zag tot zijn grote voldoening dat zijn oom duidelijk onder de indruk was van dit snelle antwoord. Wat een mazzel dat zijn vader die middag nog had zitten voorlezen uit de reisgids.

Sari fronste haar wenkbrauwen.

Ziezo, een punt voor mij! dacht Adrian voldaan.

„De piramide werd ontworpen om dienst te doen als koninklijke begraafplaats." Het gezicht van Ben Palmer werd weer ernstig en hij concentreerde zich op zijn verhaal. „De farao maakte het bouwwerk zo groot om de plaats van de grafkamer verborgen te kunnen houden. De Egyptenaren maakten zich namelijk zorgen om grafschenners. Ze wisten dat inbrekers zouden proberen de piramide binnen te dringen, om de waardevolle sieraden en schatten te stelen, die samen met hun eigenaars waren begraven. Daarom liet Khufu in de piramide tientallen gangen en vertrekken bouwen, een soort doolhof dus, om te verhinderen dat grafschenners zijn grafkamer zouden vinden."

„Mag ik de ketchup even?" onderbrak Sari haar vader.

Adrian duwde met een nijdig gebaar de fles naar haar toe. „Wees nou eens stil. Laat je vader vertellen."

Zijn oom gaf hem een knipoog. „Sari heeft het verhaal al zo vaak gehoord. Ze kent het bijna uit haar hoofd." Hij doopte een stukje pitabrood in de saus. „Hoe dan ook, mijn collega-archeologen en ik dachten dat we alle gangen en vertrekken in de piramide intussen hadden blootgelegd, maar een paar weken geleden ontdekte een van mijn medewerkers met behulp van nieuwe apparatuur dat er nog een onbekende gang was. Inmiddels hebben we die gedeeltelijk geopend. Nu hopen we natuurlijk dat deze gang uiteindelijk naar de grafkamer van farao Khufu zal leiden."

„Gaaf!" riep Adrian ademloos uit. „En kan ik erbij zijn als u die grafkamer ontdekt?"

Zijn oom grijnsde even. „Nou, dat betwijfel ik. Het kan nog maanden duren voor het zover is. Maar morgen neem ik jullie wel mee die nieuwe gang in. Dan kun je je vrienden thuis in ieder geval vertellen dat je in de piramide van Khufu in een pas ontdekte gang bent geweest."

„Ik heb hem al gezien." Sari keek Adrian uitdagend aan.

Adrian zuchtte. Natuurlijk, het zou een keer niet zo zijn. Sari was hem weer voor geweest.

HOOFDSTUK 3

Die nacht sliepen ze met z'n drieën in de suite van Adrians ouders. Het duurde uren voordat Adrian in slaap viel. Ondanks de airconditioning had hij het warm en zijn gedachten gingen telkens naar de donkere gangen in de piramide en de mummies die daarin verscholen waren.

De volgende morgen maakte oom Ben hen in alle vroegte wakker. Na het ontbijt reden ze naar de piramide. Ondanks het vroege uur was het al benauwd.

„Kijk, daar is-ie!" wees Sari, die voorin zat, plotseling. Adrian keek langs haar vinger. Aan de horizon rees de Grote Piramide als een luchtspiegeling op uit het zand.

Oom Ben draaide een smalle, particuliere weg in, die zich door het zand achter de piramide slingerde. Even later parkeerde oom Ben de auto naast een aantal andere auto's en bestelbusjes, die in de blauwgrijze schaduw van de piramide stonden.

Vlak bij de ingang toonde Ben Palmer een beambte in een blauw uniform een speciale vergunning. „De controle hier is erg streng," legde hij Adrian uit. „Inmiddels kennen ze mij natuurlijk allang, maar ik moet me toch iedere keer legitimeren. Anders heb je voor je het weet een hele kudde amateurs door de piramide lopen."

Adrian staarde omhoog naar de reusachtige, verweerde stenen van de Grote Piramide. Hij had zich nooit voorgesteld dat het bouwwerk zo groot zou zijn. Dat ding is al meer dan vierduizend jaar oud, dacht hij vol ontzag. Wat een raar idee eigenlijk! De blokken steen waarvan de piramide was gebouwd, waren enorm groot. Het was ongelooflijk dat ze er vroeger in waren geslaagd om al die blokken op elkaar te stapelen.

Zijn gedachten werden ruw onderbroken door de schelle stem van zijn nichtje. „Je veter zit los."

Met een zucht bukte Adrian zich om de veter van zijn sportschoen weer vast te maken. Om de een of andere reden ging de linkerveter altijd los, zelfs wanneer hij er een dubbele knoop in legde.

„Mijn medewerkers zijn binnen al aan het werk," vertelde Ben Palmer. „Denk erom, jongens, één waarschuwing: blijf bij me in de buurt, oké? Ga niet op eigen houtje ronddwalen. Die gangen daarbinnen vormen een waar doolhof. Voordat je het weet, ben je verdwaald."

„Oké," beloofde Adrian meteen. Hij was absoluut niet van plan om te verdwalen in die piramide, zo stom was hij niet!

„Maak je maar geen zorgen, pap. Ik let wel op Adrian," zei Sari geniepig.

Adrian staarde haar vol afschuw aan. Zijn nichtje was in de loop van de tijd alleen nog maar irritanter geworden. Hij haalde zwijgend zijn schouders op en besloot om deze dag niet door haar te laten bederven.

Zijn oom gaf hem een zaklantaarn. „Klem die aan de riem van je spijkerbroek voordat we naar binnen gaan," beval hij. Hij keek Adrian onderzoekend aan. „Heb jij weleens iets gelezen over vervloekingen, Adrian? Je weet wel... van die oude Egyptische?"

Adrian wist niet precies wat hij hierop moest zeggen en daarom schudde hij zijn hoofd. „Nee, niet echt."

„Tja, ik kan je maar beter even waarschuwen," ging zijn oom verder. „Er zijn namelijk mensen die beweren dat we de een of andere vloek over onszelf hebben afgeroepen door deze nieuwe gang te betreden. Een van mijn medewerkers meent zelfs dat we het vroeg of laat met de dood moeten bekopen..."

De woorden klonken dreigend en Adrian rilde. Opeens vond hij het vooruitzicht om de piramide in te gaan niet meer zo aanlokkelijk.

„Natuurlijk is dat allemaal bijgeloof," merkte zijn oom op. „Waarschijnlijk hebben de farao's dat fabeltje de wereld in geholpen om de grafschenners af te schrikken."

Adrian knikte. „Ja, dat zal wel," antwoordde hij weifelend.

„Je wilt toch niet zeggen dat jij die praatjes gelooft, hè?" zei Sari meteen snibbig toen ze de aarzeling in zijn stem hoorde. „Dan wacht je toch lekker in de auto? Wel een beetje warm, maar vast en zeker veel veiliger dan die griezelige piramide."

„Zeur niet zo," zei Adrian kortaf en hij liep achter zijn oom aan in de richting van de ingang.

Een paar tellen later stapten ze door de kleine, vierkante opening die was uitgehakt in het steen. Half gebukt volgde Adrian zijn oom en nichtje door een lage, smalle gang, die geleidelijk naar beneden leek te lopen.

Ben Palmer liep voorop en scheen voor zich uit met een heldere halogeen-zaklantaarn. De vloer van de gang was zacht en zanderig en de lucht voelde koel en vochtig aan.

„Kijk Adrian, de muren zijn van kalksteen." Ben Palmer bleef staan en streek met zijn hand langs de wand. „Ze hebben vroeger enorme hoeveelheden kalksteen hierheen gesleept. Het is nog altijd niet bekend hoe ze dat voor elkaar hebben gekregen."

Naarmate ze verder kwamen, daalde de temperatuur en voelde de lucht killer aan. Adrian begreep nu waarom zijn oom er op had gestaan dat Sari en hij warme kleren meenamen.

„Als je bang bent, gaan we terug, hoor." Sari, die een paar passen voor Adrian liep, keek spottend achterom.

„Hou toch op met dat gezeur," antwoordde Adrian geergerd.

Onverwachts eindigde de gang. Vlak voor hen verrees een gelige muur. Adrian zag dat het licht van zijn ooms zaklantaarn over een donker gat in de grond danste.

„Zo, hier gaan we naar beneden." Ben Palmer liet zich naast het gat op zijn knieën zakken. Hij draaide zich om en keek Adrian verontschuldigend aan. „Dit is de enige manier om er te komen. Mijn medewerkers hebben een touwladder naar beneden laten zakken. Daal niet te snel af, één sport tegelijk, dan kan er niets gebeuren."

„Oké." Adrian probeerde stoer te kijken, maar zijn knieën knikten en zijn stem klonk een beetje schor.

„Niet naar beneden kijken," raadde Sari hem aan. „Anders, word je misschien duizelig en stort je de diepte in."

„Bedankt voor de waarschuwing." Adrian deed een stap naar voren en duwde haar opzij. „Ik ga wel eerst."

Hij had schoon genoeg van Sari's opmerkingen en besloot zijn nichtje voor eens en altijd te laten zien dat hij echt niet bang was.

„Nee. Ik ga eerst." Ben Palmer stak zijn hand uit en hield Adrian tegen. „Als ik beneden ben, schijn ik met de zaklantaarn naar boven, dan kunnen jullie zien wat je doet." Voorzichtig liet hij zich in het gat zakken. Door zijn brede postuur kon hij ternauwernood door het gat. Behoedzaam daalde hij via de touwladder af.

Adrian en Sari bogen zich over de rand en keken naar beneden. Ze zagen Ben Palmer sport voor sport zakken. De ladder was niet erg stabiel en zwaaide heen en weer. Langzaam maar zeker verdween hij in de diepte.

„Het is wel een heel eind," merkte Adrian op.

Sari gaf geen antwoord. Adrian keek van opzij naar zijn nichtje. In het schemerige licht zag hij een angstige blik in haar ogen. Of was dat maar verbeelding?

Even later riep oom Ben van beneden dat hij er was. „Oké, nu jij, Adrian."

Adrian haalde diep adem. Hij draaide zich om en zette zijn voeten op de touwladder. „Tot zo."

Hij wilde de touwladder stevig vastpakken, maar op het moment dat hij dat deed, gaf hij een gil. „Au!"

Het was net alsof hij in zijn vingers werd gestoken. Geschrokken trok Adrian zijn hand terug.

En voordat hij besefte wat er gebeurde, begon hij te wankelen. Wanhopig greep hij naar het touw, maar het was te laat. Adrian was zijn evenwicht kwijt en hij viel...

HOOFDSTUK 4

Plotseling kwamen er twee handen uit het niets te voorschijn. Ze schoten door de lucht en grepen Adrian vast bij zijn polsen.

Adrian zag kans om de touwladder weer beet te pakken.

„Pfff!" was het enige wat Adrian wist uit te brengen. Hij klampte zich aan het touw vast en wachtte tot het bonken van zijn hart weer een beetje tot bedaren was gekomen. Daarbij hield hij zijn ogen gesloten en zijn lichaam doodstil. Hij kneep zo hard in het touw, dat zijn knokkels wit werden.

„Dat was op het nippertje," klonk Sari's stem zacht.

Adrian knikte.

Zijn nichtje schraapte haar keel. „Hé Adrian, ik heb je leven gered!" Opeens had haar stem weer die schrille, zelfvoldane klank.

Adrian deed zijn ogen open. Hij zag dat Sari zich over de rand van het gat boog. Haar triomfantelijke gezicht zweefde maar een paar centimeter boven dat van hem.

„Bedankt," mompelde Adrian.

„Graag gedaan, hoor," antwoordde zijn nichtje overdreven vriendelijk. Adrian zag dat er een spottend lichtje in haar ogen glinsterde.

„Is alles in orde, Adrian?" riep Ben Palmer bezorgd van beneden. Zijn stem galmde door het vertrek en de brede lichtkring van zijn zaklantaarn danste over de muren.

„Ik dacht ik in mijn hand werd gestoken," riep Adrian

terug. Vreemd genoeg voelde hij er nu niets meer van.

„Het zal wel iets scherps aan de touwladder geweest zijn," veronderstelde oom Ben. „Doe maar rustig aan. Eén sport tegelijk."

„Je moet je handen om de beurt een stukje naar beneden brengen en ze niet langs het touw laten glijden," adviseerde Sari haar neef.

„Oké, oké." Adrians ademhaling was weer wat regelmatiger. Langzaam en uiterst voorzichtig klauterde hij langs de lange touwladder naar beneden. Even later stonden ze met z'n drieën in de gang, met hun zaklantaarns in de hand. Hun ogen volgden de drie lichtcirkels.

Adrian stak zijn hand in zijn broekzak om te voelen of hij zijn mummiehand niet was kwijtgeraakt bij die actie van daarnet. Niets. Geschrokken voelde hij nog eens. De mummiehand was weg!

Paniekerig liet Adrian de straal van zijn zaklantaarn over de vloer dansen. Hier moest zijn amulet dan toch liggen, maar hij zag hem niet.

Misschien in zijn andere broekzak. Gelukkig, het handje was er nog.

„Wat is aan de hand?" vroeg oom Ben.

Adrian schudde zijn hoofd. „Niks."

„Kom op, dan gaan we deze kant op," wees Ben Palmer. Hij liep langzaam naar rechts, nog steeds bukkend vanwege het lage plafond.

Adrian hoorde het knarsen van hun schoenen op de zanderige grond. De eerste zijgang die ze passeerden, boog af naar rechts, de volgende gang bevond zich aan hun linkerhand.

„Denk je eens in, jongens, dat hier vierduizend jaar lang geen mens heeft gelopen. De lucht die we inademen, hangt al eeuwenlang in deze gangen." Adrians oom hield zijn zaklantaarn op de grond voor zijn voeten gericht.

„Dat is wel te ruiken ook," fluisterde Adrian over zijn schouder tegen Sari.

Zijn nichtje lachte zachtjes.

De lucht rook werkelijk oud, vond Adrian. Zwaar en muf. Als een zolder van een verlaten, oud huis.

Een stukje verder boog de gang af naar rechts en werd iets breder.

„We lopen nog dieper de piramide in," vertelde Ben Palmer. „Voelen jullie dat het pad schuin afloopt?"

Adrian mompelde dat hij dat in de gaten had.

„M'n vader en ik zijn gisteren een van die zijgangen in geweest," vertelde Sari achter hem. „In een klein vertrek staat een sarcofaag, die mijn vader en zijn medewerkers onlangs hebben ontdekt. Het is een hele mooie en hij verkeert in perfecte staat."

Adrian bleef staan en draaide zich naar haar om. „Lag er een mummie in?"

„Nee. De sarcofaag was leeg," antwoordde Sari.

„Zeg, ken je die mop over die mummie?" vroeg haar vader plotseling aan Adrian. Hij was ook gestopt.

„Nee." Adrian haalde zijn schouders op.

„Hij is ook veel te ingewikkeld!" Ben Palmer brulde het uit van het lachen om zijn eigen grap.

Adrian grinnikte mee.

„Lach niet te hard, anders vertelt hij nog veel meer van dat soort flauwe grappen," fluisterde Sari achter Adrians rug. „Mijn vader kent honderden mummiemoppen en ze zijn allemaal even beroerd. Je mag je veter wel eens wat beter vastknopen. Hij is al weer los."

„Wacht even. Ik ben zo klaar." Adrian bukte zich om zijn veter vast te maken. Zijn oom en nichtje bleven geduldig staan wachten. Daarna gingen ze weer verder.

Na een paar meter maakte de gang een bocht en splitste zich in tweeën. Ben Palmer nam de linkergang, die zo nauw en laag was dat ze zich er zijdelings en met gebogen hoofden doorheen moesten wringen. Even later werd de gang breder en ten slotte kwam hij uit in een rechthoekig vertrek met een hoog plafond.

Adrian ging rechtop staan en rekte zich uit. Hè, heerlijk! Eindelijk kon hij zich weer helemaal uitstrekken. In het licht van de schijnwerpers keek hij heimelijk even naar zijn hand, maar er was niets te zien. Dan had hij zich die steek zeker toch verbeeld.

Nieuwsgierig richtte Adrian zijn aandacht op het vertrek waarin hij stond. Langs een muur aan de andere kant waren een paar mensen druk aan het werk met graafgereedschap. Boven hun hoofden waren op de muur zoeklichten bevestigd, die waren aangesloten op een draagbare generator. Zo te zien probeerden ze een doorgang vrij te maken.

Adrian volgde zijn oom en Sari naar het groepje mensen. Oom Ben stelde hem voor aan zijn medewerkers. Ann en Dave waren een echtpaar, dat zo te horen al jaren met oom Ben samenwerkte. Ze schudden Adrian vriendelijk de hand.

Naast hen was een jonge vrouw aan het werk, die werd voorgesteld als Ellen. Ze leek veel serieuzer dan het echtpaar en gaf Adrian alleen een afgemeten knikje.

De andere twee leden van het team waren Egyptenaren. Donkere mannen in witte gewaden.

Mehemed grijnsde breed toen hij aan Adrian werd voorgesteld. De andere man stond een stukje verder, met een klembord in zijn hand. Hij had een rode doek om zijn nek. De Egyptenaar staarde Adrian en Sari aan, maar maakte geen aanstalten om naar hen toe te komen. Hij hield zijn donkere ogen alleen strak op hen gericht.

„Ahmed, je hebt mijn dochter Sari gisteren al ontmoet, hè? Nou, dit is Adrian, mijn neef," riep Ben Palmer naar de Egyptenaar.

Ahmed knikte, maar hij zei niets en vertrok geen spier.

„Ahmed studeert archeologie aan de universiteit van Caïro," vertelde Ben Palmer. „Hij is een kei in zijn vak. Ahmed is degene die me steeds voorhoudt dat wij in dodelijk gevaar verkeren omdat ik een of andere vloek over ons heb afgeroepen."

Ahmed knikte, maar zei nog steeds niets. Hij hield zijn ogen geen seconde van Adrian af.

Adrian huiverde even. Hij had iets griezeligs over zich, die Ahmed. Of zou het door dat verhaal over die oude vloek komen? Misschien was het wel interessant om de Egyptenaar daar eens naar te vragen.

Oom Ben had zich alweer omgedraaid naar zijn medewerkers. „En? Vandaag al een beetje vooruitgang geboekt?" informeerde hij.

„Volgens ons komen we steeds dichterbij," bevestigde Dave. „Het is maar een vermoeden, hoor," voegde hij er vlug aan toe.

Ben Palmer streek nadenkend over zijn hoofd. „We weten zeker dat die gang hierachter ligt. Het is alleen de vraag of dit de juiste doorgang is. Misschien lag die toch meer naar rechts."

„Nee nee, volgens mij zijn we op het goede spoor, Ben," verzekerde Ellen hem haastig. Ze veegde het stof van haar gezicht. „Kom maar eens hier, dan zal ik het je laten zien."

Adrian zag dat de vrouw zijn oom voorging naar een grote berg stenen en puin. Ben Palmer richtte het licht van zijn zaklantaarn op de plek die ze aanwees. Vervolgens ging hij op z'n knieën zitten om nog beter te kunnen kijken.

„Dit is heel interessant, Ellen," hoorde Adrian hem mompelen. Er ontspon zich een druk gesprek.

Even later kwamen er nog drie mensen het vertrek binnen. Twee van hen waren zo te zien ook Egyptenaren, maar zij droegen westerse kleding. Ze hadden schoppen en houwelen bij zich. De derde man had een of ander elektronisch apparaat bij zich in een platte, metalen kist. Vanuit de verte leek het hele geval een beetje op een draagbare computer.

Adrian wilde zijn oom vragen wat er in de kist zat, maar Ben Palmer stond nog steeds met Ellen te praten.

Sari en Adrian slenterden weer terug naar de andere kant van het vertrek.

„Zo te zien is m'n vader ons al helemaal vergeten," zei Sari met een zucht.

Adrian knikte afwezig. Hij liet de lichtbundel van zijn zaklantaarn over het hoge, gebarsten plafond glijden.

„Zodra m'n vader bij zijn medewerkers is, denkt hij alleen nog maar aan zijn werk," vervolgde zijn nichtje. „Ik verveel me hier te pletter."

„Jemig, zeg! Ik kan nog steeds niet geloven dat we echt in de Grote Piramide zijn," onderbrak Adrian haar.

Sari moest lachen om Adrians enthousiasme. Ze schraapte met haar schoen over de zanderige grond. „Nou, het is toch echt zo. Kijk maar, oud stof."

Adrian grijnsde en schopte wat van het zanderige stof omhoog. „Wie zou als laatste door dit vertrek hebben gelopen, voordat je vader hier aan het werk ging?" vroeg hij zich af. „Misschien wel een Egyptische priesteres. Of een farao. Wie weet, hebben ze ook hier op deze plek staan praten."

„Hé, zullen we de boel een beetje gaan verkennen?" stelde Sari opeens voor.

„Wat?" Adrian keek zijn nichtje verrast aan. Haar ogen glinsterden uitdagend.

„Kom op." Sari pakte zijn arm vast en begon hem mee te trekken. „Laten we hier en daar een kijkje nemen in een paar gangen of zo."

„Nee joh, dat kunnen we niet maken." Adrian trok zijn arm los en keek naar zijn oom. Ben Palmer voerde een heftige discussie met de man die het apparaat droeg, dat op een draagbare computer leek. „Je vader zei dat we bij hem moesten blijven. Hij zei ook..."

„O, mijn vader is hier de komende uren nog wel bezig," onderbrak Sari hem. Ze keek even over haar schouder. „Hij heeft niet eens in de gaten dat we weg zijn. Echt niet. En voordat hij ons mist, zijn we alweer terug."

„Maar..." protesteerde Adrian.

„Maak je niet druk," zei Sari grijnzend. „We verdwalen heus niet. Ik wil je alleen een muurschildering van een heel raar dier laten zien. Volgens mij is het een soort kat, maar ik weet het niet zeker."

„Echt?" Adrians angst verdween op slag en hij was meteen een en al oor. „Ik heb wel eens foto's gezien van muurschilderingen, maar ik heb er nog nooit een in het echt..."

„Het kan een kat zijn," onderbrak Sari hem, „maar ook een mens met de kop van een dier. Eng, joh."

Adrian aarzelde.

„Kom nou mee." Sari zuchtte alsof ze met een ongehoorzaam kind te maken had.

Adrian schudde zijn hoofd.

„Ach joh," probeerde zijn nichtje hem te overtuigen, terwijl ze naar de ingang van het vertrek liep, „mijn vader wil ook niet dat we hier steeds rondhangen. We lopen hem alleen maar voor de voeten."

„Sari..." begon Adrian.

„Gisteren ben ik helemaal in m'n eentje op verkenningstocht geweest. Je kunt hier echt niet verdwalen. Alle gangen leiden naar dit vertrek. Zeker weten."

„Toch vind ik dat we hier moeten blijven." Adrian keek nogmaals naar zijn oom. Die zat nu weer op zijn knieën op de grond en schraapte met een houweel langs de muur. „Je hebt zelf gehoord dat je vader zei..."

„Lafaard!" Sari keek hem minachtend aan. „Nou, dan ga ik wel alleen." Zonder verder nog op Adrian te wachten, verdween ze in de donkere gang.

„Niet doen!" Adrian schreeuwde bijna, maar hij dempte zijn stem, omdat hij Sari niet wilde verraden. „Sari, kom terug!"

Sari deed net of ze hem niet hoorde en liep onverstoorbaar door.

Adrian wierp een blik op zijn oom, die nog steeds op zijn knieën zat en behoedzaam in de stenen muur hakte. Sari had gelijk. Haar vader zou er niets van merken als ze even weg waren. Bovendien kon hij Sari toch niet in haar eentje door die gangen laten zwerven.

Adrian scheen met zijn zaklantaarn de smalle gang in. Hij kon zijn nichtje vaag in de verte zien. Ze had haar zaklantaarn ook aangedaan. „Wacht op mij!" Hij perste zich door de smalle gang en ging achter Sari aan een iets bredere gang naar rechts in.

„Sari, wacht nou even!" Adrian durfde nu wat harder te roepen, omdat ze al een stukje van de anderen verwijderd waren.

Sari bleef doorlopen.

Adrian vloekte zacht. „Ik hoop dat ze straks de weg terug nog kan vinden," mompelde hij tegen zichzelf.

Halverwege maakte de gang een bocht naar rechts en Sari verdween uit het gezicht. Toen Adrian de hoek om kwam, zag hij nog net dat Sari een stuk verderop linksaf sloeg.

Adrian voelde dat de lucht hier weer warmer werd. Het rook benauwd om hem heen, alsof iemand hier kortgeleden een sigaret had gerookt. Deze gang was een stuk breder dan de vorige, zag hij.

Sari versnelde haar pas en raakte steeds verder op Adrian voor.

„Hé, wacht nou even!" riep hij haar achterna. Hij ging ook wat vlugger lopen, maar slaagde er niet in zijn nichtje in te halen.

Plotseling verdween het licht van Sari's zaklantaarn.

Adrian hapte geschrokken naar adem. Zouden de batterijen van Sari's zaklantaarn leeg zijn?

Nee, onmogelijk. Zijn oom had er vanmorgen nog nieuwe in gedaan. Waarschijnlijk maakte de gang in de verte een bocht, veronderstelde Adrian. Daardoor was Sari nu uit het zicht verdwenen.

„Hé, Sari!" schreeuwde Adrian haar achterna.

Ingespannen tuurde hij voor zich uit in de donkere gang.

„Sari!"

Het bleef doodstil.

Adrian voelde een koude rilling langs zijn rug lopen.

Waar was Sari gebleven?

HOOFDSTUK 5

„Sari!" Adrians stem galmde door de donkere, kronkelige gang.

Geen geluid te horen.

Adrian riep nog een keer.

Hij hoorde hoe de echo van zijn stem, die Sari's naam keer op keer herhaalde, steeds zachter werd. En ineens ging Adrian een lichtje op. Plotseling wist hij waarom Sari niet op zijn geschreeuw reageerde.

Zijn nichtje gaf expres geen antwoord! Ze wilde natuurlijk kijken wat hij zou doen.

Op hetzelfde moment schoot Adrian een voorval te binnen dat een paar jaar eerder had plaatsgevonden.

Sari en haar vader waren een dag bij Adrian en zijn ouders op bezoek geweest. Aan het eind van de ochtend waren Sari en Adrian naar buiten gegaan. Het was een grijze, regenachtige dag. Sari had net nieuwe skeelers gekregen en ze liet Adrian zien hoe goed ze ermee overweg kon. Daarna daagde ze hem uit het ook een keer te proberen. Het was de eerste keer dat Adrian op skeelers stond en natuurlijk viel hij om de haverklap. Sari kwam niet meer bij van het lachen.

Wraakzuchtig besloot Adrian om het zijn nichtje betaald te zetten. Hij nam Sari mee naar een oud, vervallen huis, een paar straten verder, dat al een aantal jaren leegstond. In de stad ging het gerucht dat het er spookte, maar Adrian en zijn vrienden geloofden daar niets van. Ze gebruikten het huis als ontmoetingsplek, hoewel hun ouders hen regelmatig waarschuwden om uit de buurt van het vervallen krot te blijven, omdat het op instorten stond.

Terwijl Adrian en Sari naar het verlaten huis liepen, vertelde Adrian zijn nichtje over het spookverhaal dat de ronde deed in de stad. Tot zijn grote genoegen ontdekte hij dat Sari steeds stiller werd, naarmate ze dichter in de buurt van het huis kwamen. Adrian deed net of hij niets merkte. Hij wenkte Sari hem te volgen en achter elkaar klauterden ze door een kapot kelderraam de bouwvallige woning binnen.

Buiten was het inmiddels nog grauwer geworden en plotseling begon het te stortregenen. Tot Adrians voldoening hoorde hij in de verte het gerommel van een naderend onweer. Beter had hij het zelf niet kunnen verzinnen! Echt een perfecte timing.

„Zullen we weer naar buiten gaan?" hoorde hij Sari achter zich vragen, terwijl ze de krakende keldertrap opliepen.

Adrian bleef staan en draaide zich om. „Waarom? We zijn hier net! Ben je soms bang?"

„Nee, natuurlijk niet," zei Sari vlug. „Loop maar door."

Adrian zag dat zijn nichtje spierwit zag. Hij draaide zich weer om en liep met een brede grijns verder. Had hij Sari even mooi te grazen!

Op de begane grond lagen een paar kamers die uitkwamen op een centrale hal. Adrian, die als eerste door de kelderdeur de hal in stapte, glipte het dichtstbijzijnde vertrek in en verstopte zich achter de half openstaande deur. Hij hoorde dat Sari in de hal bleef staan. „Adrian? Waar zit je?"

Adrian hield zijn adem in en gaf geen antwoord.

„Adrian? Waar ben je?" Het klonk een beetje angstiger.

Sari deed een paar stappen naar voren.

Adrian zei nog steeds niets. Hij hoorde dat Sari's voetstappen in een andere kamer verdwenen. Grinnikend kwam hij achter de deur vandaan.

Plotseling werd het vertrek verlicht door een felle bliksemflits. Even later klonk een daverende donderslag. Adrian draaide zich om. Hij zag dat de regen door de kapotte ramen naar binnen sloeg en hij bedacht dat het misschien beter was om nu terug te gaan naar huis.

Hij liep de hal in en riep Sari. Geen antwoord.

Adrian riep nog een keer. Weer niets.

Het bliksemde en donderde nu onafgebroken. Een beetje zenuwachtig haastte Adrian zich van kamer naar kamer, waarbij hij telkens Sari's naam riep. Zijn hart bonkte in zijn keel. Waar zat zijn nichtje toch?

Toen de minuten verstreken en hij nog altijd geen spoor van Sari kon ontdekken, begon Adrian hem steeds meer te knijpen. Hoe hij ook riep en schreeuwde, zijn nichtje gaf geen antwoord.

Ten slotte raakte Adrian in paniek. Hij rende het huis uit en stormde de stromende regen in. Met gebogen hoofd haastte hij zich door het zware onweer naar huis. Intussen probeerde hij te bedenken wat hij tegen zijn ouders en Sari's vader moest zeggen. Wat zouden die kwaad zijn! Hij had Sari nooit mee moeten nemen naar dat bouwvallige krot.

Tegen de tijd dat Adrian het tuinpad oprende, was hij tot op zijn hemd doorweekt. Hij smeet de keukendeur open.

Op de drempel bleef hij stokstijf staan.

Sari zat samen met Adrians moeder aan de keukentafel, met een groot stuk appeltaart en een beker warme chocolademelk voor zich. Ze draaide zich om en keek Adrian met een triomfantelijke glimlach aan.

Op dat moment had Adrian zijn nichtje wel kunnen vermoorden!

Vandaag haalde Sari natuurlijk dezelfde streek uit als hij destijds.

Adrian tuurde de donkere gang in. Sari probeerde hem alleen maar terug te pakken, hield hij zichzelf voor.

Maar... was dat wel zo? Of was er toch iets anders aan de hand?

Terwijl Adrian behoedzaam door de lage, nauwe gang liep en het licht van zijn zaklantaarn recht voor zich uit liet schijnen, sloeg zijn woede om in bezorgdheid. Allerlei akelige gedachten flitsten door zijn hoofd.

Misschien probeerde Sari hem helemaal niet op de kast te jagen. Misschien was er echt iets met haar gebeurd.

Ze kon zich verstapt hebben en gevallen zijn. Opeens schoten hem verhalen te binnen over verraderlijke valkuilen in piramides.

Adrians hoofd tolde. Wat moest hij doen?

Op een sukkeldrafje begon hij door de donkere gang te rennen. „Sari! Waar zit je?”

Hij vocht tegen een groeiend gevoel van paniek. Waar was Sari nou? Zo ver was ze hem niet voor geweest. Hij zou nu op z'n minst het licht van haar zaklantaarn moeten zien, bedacht Adrian.

„Sari?"

Geen antwoord.

In deze smalle gang kon Sari zich toch echt nergens verstoppen. Adrian bleef aarzelend staan en scheen met de zaklantaarn om zich heen. Had hij soms de verkeerde gang genomen?

Nee, onmogelijk! Hij was geen splitsing tegengekomen. Of was hij daar in paniek langs gerend zonder het te zien? Nee, dit was zeker de gang waarin hij zijn nichtje had zien verdwijnen.

Adrian voelde weer een koude rilling over zijn rug lopen. Sari zou toch niet echt verdwenen zijn?

Onverwachts hield de smalle gang op. Een opening in de muur leidde naar een klein, vierkant vertrek. Adrian klom er doorheen en scheen met zijn zaklantaarn van de ene naar de andere kant.

„Sari?"

Geen spoor van zijn nichtje te bekennen.

De wanden van het vertrek waren kaal en er hing een bedompte lucht. Adrian bewoog het licht van zijn zaklantaarn snel over de grond, om te zien of hij Sari's voetafdrukken kon ontdekken. De bodem van het vertrek was stevig, minder zanderig dan die in de gang, zag hij. Geen sporen van voetafdrukken.

Plotseling hield Adrian met een ruk zijn adem in. Het

licht van zijn zaklantaarn bleef rusten op een voorwerp tegen de achterste muur. Met bonzend hart deed Adrian een paar stappen naar voren, totdat hij vlak bij het voorwerp stond.

Het was een sarcofaag. Een groot, stenen geval, zo'n twee meter lang.

De sarcofaag was rechthoekig van vorm en het deksel was fraai gebeeldhouwd. Adrian deed nog een stap naar voren en bescheen de grafkist met zijn zaklantaarn. Hij zag dat de kist was bewerkt met allerlei afbeeldingen. Waarschijnlijk van goden en zo.

Op slag was Adrian zijn angst om Sari vergeten. Hij deed nog een stap naar voren en scheen met zijn zaklantaarn van de ene naar de andere kant van de sarcofaag. Adrian vroeg zich af of zijn oom hem al had gezien. Misschien had hij in z'n eentje een gigantische ontdekking gedaan! Hij keek om zich heen en vroeg zich een beetje verbaasd af waarom er in deze kamer alleen maar een sarcofaag stond en verder niets. Nergens waren sporen te ontdekken van muurschilderingen, oude Egyptische schatten of andere spullen.

Adrian draaide zich weer om naar de grafkist.

Hij raapte juist al zijn moed bij elkaar om met zijn hand over het gladde steen van het deksel te strijken, toen hij plotseling een krakend geluid hoorde.

Het deksel van de sarcofaag kwam een stukje omhoog.

Er ontsnapte een verstikte kreet aan Adrians lippen. Eerst dacht hij dat hij het zich verbeeldde. Hij verroerde zich niet, maar hield zijn blik strak op het deksel gericht.

Krakend kwam het nog iets verder omhoog.

Op hetzelfde ogenblik hoorde Adrian een sissend geluid uit de kist komen. Het klonk als lucht die uit een thermoskan ontsnapt wanneer je de dop voorzichtig opendraait.

Adrian deinsde achteruit. Zijn knieën knikten en zijn benen voelden slap aan.

Het deksel ging nog tien centimeter omhoog.

Adrian deed weer een stap naar achteren.

De zaklantaarn viel uit zijn trillende hand. Hij bukte zich snel, griste hem van de grond en richtte het licht weer op de sarcofaag.

Het deksel stond nu zo'n dertig centimeter open, zag hij.

Adrian hield zijn adem in. Hij wilde zich omdraaien en wegrennen, maar de angst verlamde hem. Hij probeerde te schreeuwen, maar er kwam geen geluid over zijn lippen.

Krakend ging het deksel nog een paar centimeter omhoog.

Adrian richtte zijn zaklantaarn op de opening. Het licht danste beverig langs de donkere rand en gleed over twee glanzende ogen, die Adrian vanuit de duisternis van de eeuwenoude doodskist onbeweeglijk aanstaarden.

HOOFDSTUK 6

Adrian slaakte een verstikte kreet en bleef als versteend staan. Hij rilde onophoudelijk alsof hij het koud had.

Het deksel van de sarcofaag ging nog een stukje omhoog.

De ogen vlak onder de rand bleven Adrian strak aankijken. Het waren koude ogen, duivelse ogen... stokoude ogen.

Terwijl Adrian als vastgenageld aan de grond stond en niet in staat was weg te rennen of zich te bewegen, ging het deksel helemaal open.

Langzaam, als in een bloedstollende nachtmerrie, rees een lange, donkere gedaante omhoog uit de sarcofaag.

Met trillende hand volgde Adrian met zijn zaklantaarn de schemerige gestalte. „S...Sari!"

In de cirkel van licht zag hij dat zijn nichtje duivels grijnsde. Haar ogen glinsterden triomfantelijk.

Plotseling voelde Adrian een enorme woede in zich opkomen. „Stomme griet! Je denkt zeker dat je leuk bent!" schreeuwde hij. Zijn stem klonk schril en het geluid weerkaatste tegen de stenen muren.

Sari's harde, spottende lach overstemde hem.

Adrian was zo kwaad, dat hij koortsachtig om zich heen keek, op zoek naar iets om naar Sari's hoofd te gooien. Maar er lag niets op de grond. Zelfs geen kiezelsteen.

Hij keek op en richtte zijn blik weer op Sari.

„Dat gezicht van je!" riep Sari, toen ze eindelijk was uitgelachen. „Had ik nou maar een fototoestel bij me."

Adrian was veel te kwaad om te reageren en daarom mompelde hij iets onduidelijks. Tegelijkertijd viste hij de kleine mummiehand uit zijn zak en rolde die heen en weer in zijn hand. Dat deed hij altijd als hem iets dwarszat. Gewoonlijk werd Adrian er weer rustig van, maar vandaag zakte zijn woede niet.

„Ik vertelde toch al dat mijn vader een sarcofaag had gevonden?" Sari streek grinnikend haar haren uit haar gezicht. „Weet je dat niet meer?"

Adrian haalde zijn schouders op. Hij voelde zich een eersteklas sukkel.

Zijn nichtje kreeg weer een lachstuip en hing gierend van het lachen tegen de sarcofaag. „Dat gezicht van je," herhaalde ze.

„Doe toch niet zo stom. Hoe zou jij het vinden als ik jou de stuipen op het lijf joeg?" mopperde Adrian.

„Je dacht toch niet dat jij me bang kunt maken, hè?" antwoordde zijn nichtje lachend. „Ik trap nooit ergens in."

„Wacht maar! Ik krijg je nog wel." Het was het enige antwoord wat Adrian kon bedenken.

Hij vroeg zich juist af hoe Sari zou reageren als hij haar onverwachts vastpakte, in de sarcofaag smeet en het deksel boven haar hoofd dicht liet vallen, toen hij voetstappen in de gang hoorde.

Adrian keek naar Sari en zag de blik op haar gezicht veranderen.

Zijn nichtje had de voetstappen ook gehoord.

Een paar tellen later stormde Ben Palmer het kleine

vertrek binnen. Zelfs in het schemerige licht zag Adrian dat zijn oom ongelooflijk boos was.

„Ik dacht dat ik afspraken met jullie kon maken," begon hij kwaad.

„Pap..." probeerde Sari hem te onderbreken.

Haar vader kapte haar woorden met een kort handgebaar af. „Ik vertrouwde erop dat jullie er niet vandoor zouden gaan zonder het me te vertellen. Weten jullie wel hoe gemakkelijk je in deze piramide kunt verdwalen? Geen mens die je ooit meer terugvindt!"

„Maar pap..." herhaalde Sari, „ik wilde Adrian alleen maar die lege sarcofaag laten zien die jij hebt ontdekt. We waren van plan om meteen weer terug te gaan. Echt waar."

„We zijn hier in een pas ontdekt gedeelte van de piramide," vervolgde haar vader verhit, zonder naar de uitleg van zijn dochter te luisteren. „Eeuwenlang is er nooit iemand in dit deel van de piramide geweest. We weten dus ook niet wat voor gevaren hier dreigen. Ik had jullie verboden op eigen houtje rond te gaan dwalen. Beseffen jullie wel hoe ik schrok toen ik me omdraaide en zag dat jullie waren verdwenen?"

„Sorry," mompelden Sari en Adrian in koor.

„We gaan meteen terug." Ben Palmer klonk streng. Hij wees met zijn zaklantaarn naar de ingang van het vertrek.

Adrian en Sari volgden hem de gang in. Adrian voelde zich diep ellendig. Hij was niet alleen in Sari's stomme grap getuind, maar nu was zijn oom ook nog boos. Als

Sari in de buurt was, raakte hij altijd in moeilijkheden, dacht hij somber.

Sari liep vlak voor hem, naast oom Ben, en begon op een fluistertoon tegen haar vader te praten. Even later barstten ze allebei in lachen uit en keken over hun schouder naar Adrian.

Die voelde dat hij rood aanliep. Hij kon wel raden wat Sari haar vader had verteld. Zijn nichtje had natuurlijk uitgebreid uit de doeken gedaan hoe ze zich in de sarcofaag had verstopt en hem de stuipen op het lijf had gejaagd. En nu lachten ze hem allebei uit.

Adrian klemde zijn tanden op elkaar. Zijn kaken verstrakten. Hij moest iets verzinnen om Sari terug te pakken, en snel!

Ze brachten de nacht weer door in het hotel in Caïro. Adrian versloeg Sari twee keer met een computerspelletje, maar hij werd er niet veel vrolijker van. Ten slotte legden ze de spelcomputer weg en zette Sari de tv aan. Adrians ouders belden nog even om te vertellen dat alles voorspoedig verliep in Alexandrië.

De volgende morgen ontbeten ze in de zitkamer van de suite.

„Wat gaan we vandaag doen?" vroeg Sari tijdens het ontbijt aan haar vader.

Ben Palmer rekte zich uit en keek op zijn horloge. „Ik heb straks een afspraak in het museum. Dat ligt een paar straten hier vandaan. Vinden jullie het leuk om daar wat rond te kijken terwijl ik in bespreking ben?"

„Nou, echt geweldig," zei Sari verveeld. Ze nam een hap van haar yoghurt.

„Het museum heeft een interessante mummie-collectie, Adrian." Ben Palmer schonk een kop koffie voor zichzelf in. „Echt iets voor jou."

„Zolang ze in hun kist blijven liggen tenminste," grinnikte Sari.

Adrian wierp haar een geërgerde blik toe. „Hoeveel mummies zijn er?" vroeg hij aan zijn oom.

Voordat Ben Palmer de kans kreeg om te antwoorden, ging de telefoon. Adrians oom stond op, liep de slaapkamer in en nam op. Adrian zag dat zijn gezicht tijdens het gesprek steeds bezorgder ging staan.

„We zullen onze plannen moeten veranderen," kondigde hij even later aan, nadat hij had opgehangen en de kamer weer binnenkwam.

„Waarom, pap?" Sari schoof haar lege kom van zich af.

„Het is allemaal nogal merkwaardig." Haar vader fronste zijn wenkbrauwen. „Dave en Mehemed, je weet wel, twee leden van mijn team, zijn gisteravond plotseling heel ziek geworden. Er is een arts bij gehaald en die heeft hen onderzocht, maar de man heeft geen idee wat er aan de hand is. Hij denkt aan een of ander virus." Ben Palmer keek Sari en Adrian om de beurt aan. „In ieder geval zijn ze nu opgenomen in het ziekenhuis hier in Caïro en het ziet ernaar uit dat ze nog een paar dagen moeten blijven."

Adrian zag dat zijn oom zijn portefeuille en wat andere spullen bij elkaar zocht.

„Ik denk dat ik er meteen even naartoe rijd."

„En wat moeten wij in de tussentijd doen?" informeerde Sari, met een blik naar Adrian.

„Ik ben maar een uurtje weg," antwoordde haar vader. „Blijven jullie zolang hier in de kamer, oké? Ga maar wat tv kijken."

„In de kámer?" riep Sari uit, op een toon alsof het een zware straf was.

„Nou ja, jullie mogen naar beneden, als je wilt," gaf haar vader toe. „Iets drinken in het restaurant of zo. Maar onder geen voorwaarde het hotel uit."

Ben Palmer trok zijn jack aan, controleerde nog een keer of hij zijn portefeuille en sleutels bij zich had en haastte zich de kamer uit.

Sari en Adrian bleven met z'n tweeën achter. Ze keken elkaar aan.

„Nou, daar zitten we dan," zei Adrian een beetje zuur. „Wat nu?"

Sari haalde haar schouders op. „Weet ik veel. Wat is het hier warm, hè?"

Adrian knikte. „Die airco helpt voor geen meter."

„Ik vertik het dus echt om hier binnen te blijven," vervolgde Sari. Ze stond op en rekte zich uit.

„Zullen we naar het restaurant gaan?" stelde Adrian voor.

„Nee, ik wil naar buiten." Sari liep naar de spiegel in het gangetje en begon haar steile, blonde haar te borstelen.

„Maar je vader zei..." begon Adrian aarzelend.

„We gaan heus niet ver," onderbrak zijn nichtje hem.

Adrian zuchtte. Daar gingen ze weer.

Sari draaide voor de spiegel heen en weer. „Zullen we naar het museum gaan?" stelde ze voor. „Het is maar een paar straten hier vandaan."

Adrian schudde zijn hoofd. „Ik peins er niet over. Je weet wat je vader net zei."

Sari nam hem met een minachtende blik op. „Wat ben je ook een watje! Er kan toch niets gebeuren? We zijn hier midden in een wereldstad. Moet je kijken." Ze wees naar buiten. „Wolkenkrabbers, keurige kantoren... Het is hier precies even veilig als thuis. En ik ben dus echt niet van plan om nog één minuut op die muffe hotelkamer te blijven."

Zuchtend stond Adrian op. Hij moest toegeven dat Sari gelijk had. Hier midden in de stad kon er niet veel gebeuren. Dit was iets heel anders dan een piramide waar een vloek op rustte. En hij was het roerend met Sari eens dat het stomvervelend was om op deze hotelkamer te wachten.

„Oké," stemde hij in. „Naar het museum."

Sari draaide zich om. Adrian zag dat zijn reactie haar nogal verraste.

Adrian grijnsde. „Ik laat wel even een briefje achter voor je vader, zodat hij weet waar we zijn als hij eerder terug is dan wij." Hij liep naar het bureau en pakte een pen en een velletje papier.

Adrian legde het briefje voor zijn oom duidelijk zichtbaar op tafel, terwijl Sari wat Egyptisch geld uit haar rugzak haalde. Daarna gingen ze met de lift naar beneden. Ze leverden de sleutel in bij de receptioniste achter de balie en informeerden meteen waar het museum was.

Het meisje wees dat ze rechtsaf moesten gaan zodra ze het hotel uit kwamen, en daarna steeds rechtdoor moesten blijven lopen. Op die manier kwamen ze er vanzelf. Het kon niet missen.

Vreemd genoeg was het Sari die even aarzelde op het moment dat ze het felle zonlicht in stapten. Overal om hen heen was het druk en lawaaierig. Toeterende auto's, keurig geklede zakenmannen, maar ook traditioneel geklede Egyptenaren. Het was een bonte mengeling van kleuren en geluiden. Niet echt zoals het thuis was als je de deur uit stapte. „Weet je zeker dat je naar het museum wilt?" vroeg Sari aarzelend.

„Wat kan er nou mis gaan?" antwoordde Adrian spottend.

HOOFDSTUK 7

„Kom mee. We moeten deze kant op." Adrian hield zijn hand boven zijn ogen tegen het felle zonlicht.

„Gets, wat is het heet," klaagde Sari. Het was zo lawaaierig op straat, dat ze zich nauwelijks verstaanbaar kon maken boven de herrie van de toeterende auto's uit.

Adrian begon zich een weg te banen door de mensenmassa op de stoep, met Sari vlak achter hem. Ze keken allebei hun ogen uit.

Zakenlui in snelle, moderne kostuums waren druk in gesprek met mannen die gekleed leken te zijn in veel te grote, witte pyjama's.

Dames met keurige broeken en rokken liepen naast meisjes in spijkerbroeken en vrouwen gekleed in lange, golvende, zwarte gewaden, hun gezichten verborgen achter zware, zwarte sluiers.

„Toch wel een beetje anders dan thuis, hè?" schreeuwde Adrian over zijn schouder naar Sari, boven het kabaal van de auto's uit.

Hij was zo geboeid door al die verschillende voorbijgangers op de smalle stoep, dat hij helemaal vergat om naar de gebouwen te kijken. Voordat ze het wisten, stonden ze dan ook voor het museum: een groot, stenen gebouw boven aan een steile trap, dat hoog boven de straat uittorende.

Adrian en Sari liepen naast elkaar de trap op en gingen door de draaideuren het museum binnen. Sari kocht twee toegangskaartjes.

„Ah, wat een rust," merkte Adrian op gedempte toon op. Het was een verademing na de drukke straat met de toeterende auto's en de schreeuwende mensen.

„Waarom zouden die automobilisten hier nou de hele tijd toeteren?" vroeg Sari zich af.

„Weet ik het. Misschien uit gewoonte," antwoordde Adrian schouderophalend.

Nieuwsgierig keek hij om zich heen.

Ze bevonden zich midden in een reusachtige open hal. Links en rechts van hen leidden statige, marmeren trappen naar boven. Twee identieke witte pilaren stonden aan weerszijden van een brede gang die naar achteren leidde. Een enorme muurschildering op de rechtermuur toonde het uitzicht vanuit de lucht op de piramides en de Nijl.

Adrian en Sari bleven een tijdje naar de afbeelding staan kijken. Daarna liepen ze tussen de pilaren door naar achteren en informeerden bij de vrouw achter de informatiebalie waar ze de mummiezaal konden vinden. De vrouw glimlachte vriendelijk en zei dat ze daarvoor de rechtertrap moesten nemen.

Adrian en Sari volgden haar aanwijzingen en gingen de trap op. Het geluid van hun voetstappen op de glanzende, marmeren vloer weergalmde door de hal. De trap leek tot in het oneindige door te lopen.

„Het lijkt wel of we aan het bergbeklimmen zijn," klaagde Adrian halverwege.

Voor hen strekte zich een donkere zaal uit met een hoog plafond. Naast de ingang stond een glazen vitrinekast. Daarin bevond zich een soort modelbouw-tafereel van hout en klei.

Adrian liep er naartoe om het beter te kunnen bekijken. Het tafereel bestond uit tientallen miniatuur-Egyptenaren, die reusachtige blokken kalksteen door het zand naar een half afgebouwde piramide sleepten.

Door het glas in de vitrine zag Adrian in de zaal erachter gigantische stenen beelden, grote sarcofagen en nog meer vitrines met glas en aardewerk, en kunstvoorwerpen.

Hij liep naar een groot standbeeld dat tegen de muur stond. „Wat zou dit zijn? Een of andere gigahond?" vroeg hij Sari.

Het was een beeld van een dier met de kop van een woeste hond en het lijf van een leeuw. Het beest staarde strak voor zich uit en leek zich gereed te houden om aan te vallen, zodra er iemand te dicht bij hem in de buurt kwam.

„Zulk soort beelden zetten de oude Egyptenaren vaak bij de ingang van hun grafkamer," legde Sari uit. „Om het vertrek te beschermen en grafschenners te verjagen."

„Een soort waakhonden dus." Adrian deed een stap naar voren om het eeuwenoude beeld beter te kunnen bekijken. Daarna liep hij verder. „Hé, kijk eens, in deze kist ligt een mummie!" Adrian boog zich over een stenen doodskist.

Sari kwam naast hem staan. Ze wierp een snelle blik in de sarcofaag. „Yep. Dat is een mummie," zei ze met een air alsof ze dagelijks mummies tegenkwam.

„Wat is-ie klein, hè?" Adrian staarde naar het vergeelde doek dat strak rond het magere hoofd en lichaam was gewikkeld.

„Nou, net een garnaal," grinnikte Sari. „Wat denk je dat het was: een man of een vrouw?"

Adrian keek op het bordje aan de zijkant van de kist. „Hier staat dat het een man was. Ze hebben er wel veel werk van gemaakt om hem in te wikkelen, zeg." Hij bekeek de zorgvuldig omzwachtelde handen, die kruiselings over de borst van de mummie lagen. „Weet je trouwens hoe de Egyptenaren mensen mummificeerden?" vroeg hij opeens, terwijl hij om de kist naar de andere kant liep.

Sari schudde haar hoofd.

„Nou, om te beginnen haalden ze de hersenen eruit," begon Adrian.

„Jesses, hou alsjeblieft op, zeg." Sari trok een vies gezicht.

„Wist je dat niet?" vroeg Adrian een beetje triomfantelijk. Eindelijk kon hij zijn nichtje eens iets vertellen waar ze nog niet van op de hoogte was.

„Nee, en ik hoef het niet te weten ook." Sari wapperde met haar handen om Adrian te laten ophouden.

„Waarom niet? Het is echt hartstikke interessant," merkte Adrian op. „Nou, eerst haalden ze dus de hersenen eruit. Daar hadden ze speciaal gereedschap voor, een soort lange, dunne haak. Die duwden ze via de neus van het lijk omhoog naar de hersenen. Daarna bewogen ze die haak heen en weer om de hersenen te pletten, net zolang tot ze een soort moes waren."

„Getverdemme! Hou je mond!" Sari drukte haar handen tegen haar oren.

„Daarna namen ze een lange lepel," vervolgde Adrian meedogenloos, „waarmee ze de hersenen er stukje bij beetje uitschepten." Hij maakte een scheppende beweging met zijn hand. „Ze lepelden de hersenen eruit door de neus. Of soms drukten ze een oogbal uit en schepten de hersenen er via de lege oogkas uit."

„Adrian... hou nou op!" Sari keek alsof ze ieder moment kon overgeven. Ze zag letterlijk groen om haar neus.

Adrian grinnikte tevreden. Hij had nooit geweten dat er dingen waren waar Sari niet tegen kon. Dit moest hij onthouden!

„Tja, zo ging het nou eenmaal," merkte hij met een brede grijns op.

„Hou alsjeblieft je mond," herhaalde zijn nichtje huiverend.

„Natuurlijk haalden ze de hersenen er niet altijd via de neus uit," ging Adrian verder. „Soms hakten ze het hoofd van het lijk af. Dan lieten ze de hersenen eruit lopen via de nek en zetten het hoofd daarna weer terug op de romp. Daarom is een mummie zo stevig ingezwachteld, anders valt z'n kop eraf."

„Adrian..."

Tot Adrians voldoening werd Sari steeds bleker. Haar ademhaling ging gejaagd. Adrian verwachtte zo half en half dat ze er ieder moment haar ontbijt uit zou gooien.

„Wat een smerig verhaal." Sari's stem klonk verstikt, alsof ze van ergens onder water sprak.

„Maar het is echt waar," zei Adrian grijnzend. „Heeft je vader je nooit verteld hoe de Egyptenaren hun overledenen mummificeerden?"

Sari schudde haar hoofd. „Mijn vader weet dat ik er niet van..."

„Weet je dan ook niet wat ze met de ingewanden deden?" vroeg Adrian. Hij keek vol leedvermaak naar het vertrokken gezicht van zijn nichtje. „Die stopten ze in potten en..." Op dat ogenblik drong het tot hem door dat Sari's angstige blik niet voor hem bestemd was.

Ze staarde naar een punt ergens achter hem.

Adrian draaide zich om en zag meteen waarom zijn nichtje zo benauwd keek.

Er was een man de zaal binnengekomen. Hij stond bij de eerste vitrinekast en Adrian herkende hem meteen.

Het was Ahmed, de vreemde, zwijgzame Egyptenaar, die hen in de piramide zo afstandelijk had behandeld. Hij had dezelfde kleren aan als gisteren: een wijd, wit gewaad met een rode doek om zijn nek. En zijn gezicht stond net zo onvriendelijk als de eerste keer dat Adrian hem had gezien. De blik in zijn ogen was... vol haat.

Geschrokken door die felle blik deinsden Adrian en Sari achteruit. Ahmeds ogen flitsten van de een naar de ander en hij deed een stap naar voren.

„Hij komt naar ons toe," fluisterde Sari geschrokken. Ze greep Adrians arm vast. Haar hand was ijskoud. „Laten we maken dat we hier wegkomen."

Adrian aarzelde. Die man was gewoon een collega van zijn oom. Er was geen enkele reden om voor hem op de vlucht te slaan. Waarom zouden ze niet gewoon op hem af lopen en hem begroeten?

Ahmed deed nog een stap naar voren. „Zo, daar zijn jullie," zei hij zo zacht dat Adrian het nauwelijks kon verstaan. „Ik was al naar jullie op zoek. Jullie moeten meekomen..." Hij stak zijn handen uit.

„Nee!" gilde Sari. Doodsbang draaide ze zich om en rende weg.

Adrian liet zijn blik nog even heen en weer glijden tussen het van woede vertrokken gezicht van de Egyptenaar en zijn wegrennende nichtje. Vervolgens maakte hij vaag een verontschuldigend gebaar in Ahmeds richting en sprintte toen achter Sari aan.

Sari was al bij de deur van de grote zaal. Toen Adrian een blik over zijn schouder wierp, zag hij dat Ahmed op een drafje achter hen aan kwam.

De Egyptenaar riep iets. Zijn stem klonk boos en dreigend. Adrian verstond er niets van.

„Schiet op!" schreeuwde Sari.

Op topsnelheid schoot ze een andere zaal in. Adrian volgde haar. Hun schoenen klosten op de gewreven, marmeren vloer. Ze passeerden een reusachtige glazen vitrinekast, waarin drie prachtig bewerkte houten doodskisten rechtop stonden. Daarna renden ze rechtdoor over het brede gangpad, kriskras tussen de beelden, planken met antiek aardewerk en allerlei andere kostbaarheden uit de piramides door.

„Kom terug! Kom terug!" hoorde Adrian Ahmed achter hen roepen.

Hij klonk echt boos.

Zijn hakken maakten klikkende geluiden op de vloer. Het geluid weergalmde door de grote museumzaal.

Een gealarmeerde suppoost kwam via een andere deur de zaal inrennen.

„Hij haalt ons in!" riep Adrian naar Sari, die hem nu nog maar een paar stappen voor was.

„We moeten een uitgang zien te vinden," antwoordde zijn nichtje, buiten adem van het rennen.

Adrian keek om zich heen, maar kon in de gauwigheid niets ontdekken. Ze waren intussen bijna bij de achtermuur van de zaal. Nadat ze een gigantische sfinx waren gepasseerd, bleven ze plotseling allebei staan.

Ze stonden voor een dikke, stenen muur en konden nergens naartoe.

Er was hier geen deur. Geen uitgang.

Adrian en Sari draaiden zich tegelijkertijd om en zagen de triomfantelijke blik in Ahmeds ogen.

De Egyptenaar had hen in een hoek gedreven. Ze zaten in de val!

HOOFDSTUK 8

Een paar meter bij Adrian en Sari vandaan, bleef Ahmed staan. De Egyptenaar was kennelijk buiten adem van het rennen, want hij hapte naar lucht. Zijn gezicht stond woedend.

Sari en Adrian wisselden een blik. Ze stonden allebei met hun rug tegen de muur. Adrian zag dat zijn nichtje spierwit was geworden. Er lag een angstige blik in haar ogen.

Adrian slikte. Zijn keel was droog en voelde gespannen aan. Hij vroeg zich af wat de Egyptenaar van hen moest.

Op dat moment verbrak de stem van de suppoost de stilte. Hij vroeg iets in het Arabisch.

Ahmed draaide zich met een vriendelijke glimlach op zijn lippen naar hem om en gaf antwoord in zijn eigen taal.

Blijkbaar was de suppoost hier tevreden mee, want na een kort knikje en nog een laatste vermanende blik in de richting van Sari en Adrian, draaide hij zich om en liep weg.

„Waarom gingen jullie er vandoor?" vroeg Ahmed. Hij sprak moeizaam Engels en drukte zijn handen in zijn zij, alsof hij kramp had. „Nou? Zeg op."

Sari en Adrian gaven geen antwoord. Ze staarden hem allebei zwijgend aan en wachtten gespannen af wat er ging gebeuren.

„Ik heb een boodschap voor je van je vader," ging Ahmed verder tegen Sari, toen het stil bleef. Hij rukte de doek van zijn nek om er zijn bezwete voorhoofd mee af te vegen. „Waarom renden jullie in vredesnaam weg?"

„Een b...boodschap?" stotterde Sari.

Ahmed knikte. „Je weet toch nog wel wie ik ben? Ik ben samen met je vader aan het werk in de piramide. We hebben elkaar toch al eens ontmoet? Ik snap echt niet waarom jullie wegrenden."

„Sorry, Ahmed," zei Sari vlug. Ze wierp Adrian een geïrriteerde blik toe, alsof het zíjn schuld was dat ze er vandoor waren gegaan.

Adrian zag het en hij werd boos. „Het ging allemaal zo snel," probeerde hij de Egyptenaar zo goed mogelijk uit te leggen. „Sari zag u aankomen. Om de een of andere reden schrok ze van u en rende weg, en ik ging haar achterna."

„Nee, zo ging het niet," onderbrak Sari hem verontwaardigd. „Het kwam allemaal door jou... omdat jij van die akelige griezelverhalen vertelde." Ze knikte om haar woorden kracht bij te zetten. „Het was Adrians schuld," ging ze verder tegen Ahmed. „Hij probeerde me bang te maken met enge mummieverhalen. Dus toen ik u zag aankomen, schrok ik en..."

Adrian keek zijn nichtje woedend aan. Dat was toch helemaal fraai! Zij ging er vandoor en nu draaide het erop uit dat ze hem daar de schuld van gaf!

„Je vader heeft me gestuurd om jullie te halen." Ahmeds donkere ogen gingen naar Adrian. „Ik had niet verwacht dat ik jullie door het museum moest achtervolgen."

„Sorry," herhaalde Sari.

Adrian schoof wat ongemakkelijk heen en weer. Hij wist niet goed wat hij moest zeggen.

„Heeft mijn vader het briefje gevonden dat Adrian in het hotel heeft achtergelaten?" Sari streek haar haren naar achteren en deed een paar stappen naar voren.

Ahmed knikte.

„Nou, dat heeft hij dan wel vlug gedaan, als hij nu al terug is uit het ziekenhuis," ging Sari verder, met een blik op haar horloge.

„Dat klopt," antwoordde Ahmed kortaf. „Kom. Ik breng jullie terug naar het hotel. Je vader zit daar te wachten." Hij draaide zich om en liep weg.

Adrian en Sari begonnen de Egyptenaar zwijgend te volgen. Terwijl ze de lange trap afdaalden, keken ze elkaar even aan, Sari met een uitdagende blik in haar ogen.

Even later stonden ze weer op de overvolle, lawaaierige stoep. Een eindeloze stroom auto's reed in een slakkengang toeterend voorbij. De bestuurders hingen uit hun raampjes, schreeuwden naar elkaar en schudden hun gebalde vuisten.

Ahmed keek even over zijn schouder om te zien of Adrian en Sari hem volgden. Daarna sloeg hij rechtsaf en ging hen voor door de mensenmassa. De zon stond inmiddels recht boven de gebouwen. De lucht was warm en vochtig.

„Hé Ahmed, wacht eens..." riep Adrian.

Ahmed draaide zijn hoofd om, maar bleef doorlopen.

„We gaan de verkeerde kant op." Adrian moest hard

praten om zich verstaanbaar te maken boven het geschreeuw van een straatventer achter een groentekarretje uit. „Het hotel is de andere kant op."

Ahmed schudde zijn hoofd. „Mijn auto staat daar geparkeerd." Hij maakte een vaag handgebaar.

„Gaan we dan met de auto terug?" vroeg Sari verrast.

„Het hotel is maar twee straten verderop," zei Adrian tegen Ahmed. „Sari en ik lopen wel. U hoeft ons echt niet met de auto te brengen."

„Dat moet wel," antwoordde Ahmed kortaf. „Anders heb ik straks een bekeuring te pakken." Hij bleef staan, legde zijn ene hand stevig op Adrians schouder en zijn andere hand op de schouder van Sari, en begon hen voor zich uit te duwen.

Ze staken de straat over. Aan de overkant was het zo mogelijk nog drukker op de stoep. Een man met een leren aktentas botste hard tegen Adrian aan. Adrian slaakte een boze uitroep toen hij de tas in zijn knieholte kreeg.

Sari schoot in de lach.

„Mens, lach niet zo stom," viel Adrian boos uit. „Ik vertrouw die Ahmed voor geen meter. Als we terug waren gelopen, waren we allang in het hotel geweest," voegde hij eraan toe.

Ahmed had die laatste opmerking gehoord en kennelijk het woord hotel opgevangen. „Mijn auto staat in de straat hierachter," verklaarde hij bedaard.

Ze worstelden zich moeizaam een weg door de menigte. Even later bleef Ahmed staan bij een kleine vijfdeurs-stationwagen. De auto zat onder het stof en in het spatbord aan de kant van de bestuurder zat een flinke deuk. De Egyptenaar trok een van de achterportieren open en duwde Sari en Adrian naar binnen.

„Au!" riep Adrian geschrokken op het moment dat zijn hand de kunststofbekleding van de achterbank raakte. De bekleding was gloeiend heet.

„Het stuur is ook warm." Ahmed was ingestapt en maakte zijn veiligheidsgordel vast. Hij raakte het stuur een paar keer kort met beide handen aan om zijn vingers aan de hitte te laten wennen. „Ze zouden een auto moeten uitvinden waarin het binnen koel blijft als hij in de brandende zon geparkeerd staat," grinnikte hij.

De motor startte na de tweede poging. De Egyptenaar trok op en voegde zich in de eindeloze stroom auto's.

Ze kwamen maar langzaam vooruit in de smalle straat. Om de haverklap moesten ze ergens voor remmen.

„Waarom heeft mijn vader ons eigenlijk niet zelf uit het museum gehaald?" vroeg Sari aan Ahmed. Ze keek naar de mensen die langs het stoffige autoraampje liepen.

„Je vader wacht in het hotel op jullie," antwoordde hij.

Onverwachts maakte hij een scherpe bocht en draaide een bredere straat in. Tegelijkertijd gaf hij wat meer gas.

Het duurde even voor het tot Adrian doordrong dat ze alweer de verkeerde kant opgingen. Ze reden bij het hotel vandaan, in plaats van er naartoe.

Adrian tikte de Egyptenaar op zijn schouder en wees naar het achterraam. „Eh... Ahmed... volgens mij is het hotel die kant op, hoor."

Ahmed schudde zijn hoofd. Hij concentreerde zich op de weg. „Zo komen we er ook."

„U rijdt echt verkeerd," hield Adrian vol. Van jongs af had hij een feilloos gevoel voor richting. Zijn vader had wel eens gezegd dat hij geen stadsplattegrond nodig had zolang Adrian erbij was. Die kon altijd precies vertellen hoe ze ergens moesten komen.

Sari keek Adrian vragend aan. Op haar voorhoofd lag een bezorgde frons.

„Ontspan je nou maar en geniet van het ritje." Ahmed keek Adrian via de achteruitkijkspiegel aan, terwijl hij praatte. „Hebben jullie je veiligheidsriemen vastgemaakt? Nee? Doe dat dan even." Er lag een glimlach op zijn gezicht, maar zijn stem was koud en zijn woorden klonken bijna dreigend.

„We rijden veel te ver," probeerde Adrian weer. Een gevoel van angst bekroop hem. Hij keek naar buiten. De gebouwen die ze passeerden, werden steeds lager en bouwvalliger. Het leek er veel op dat ze het centrum uit reden.

„Maak je nou maar geen zorgen," antwoordde de Egyptenaar een beetje ongeduldig. „Ik weet precies waar ik moet zijn."

Sari en Adrian wisselden opnieuw een blik. Plotseling drong het tot Adrian door dat Ahmed loog. Hij bracht hen helemaal niet terug naar het hotel. Hij nam hen mee de stad uit.

Ze werden ontvoerd!

HOOFDSTUK 9

Omdat Ahmed hem via de achteruitkijkspiegel scherp in de gaten hield, boog Adrian zich over zijn veiligheidsgordel. Terwijl hij deed of hij de gordel vastmaakte, fluisterde hij vlak bij Sari's oor: „We smeren hem zodra hij stopt."

Eerst leek Sari niet helemaal te begrijpen wat Adrian bedoelde, maar een seconde later siste ze terug: „Oké."

Ze bleven allebei gespannen zitten, met hun blik op de portierhendels, en wachtten met bonzend hart het moment af dat de auto tot stilstand zou komen.

„Jouw vader is een heel slimme man," zei de Egyptenaar plotseling tegen Sari.

„D...dat w...weet ik," stotterde ze.

Op hetzelfde ogenblik moest Ahmed remmen. De auto minderde vaart, om een tel later tot stilstand te komen.

„Nu, Sari!" schreeuwde Adrian. Hij greep de hendel vast, gooide het portier aan zijn kant open en sprong uit de auto.

De automobilist achter hen schrok van deze onverwachte actie en begon te toeteren.

Adrian hoorde dat Ahmed een verraste kreet slaakte. Hij liet het portier openstaan en draaide zich om. Sari had het ook gered, zag hij. Ze stond aan de andere kant van de auto en keek Adrian met grote, angstige ogen aan.

Zonder een woord te wisselen, zetten ze het op een lopen.

Ze renden kriskras de drukke straat over en schoten

een smal steegje in, dat tussen hoge, witte gebouwen door liep.

Adrian kon maar aan één ding denken: ontsnappen. Hij rende zo hard hij kon en durfde niet te blijven staan om te kijken of Ahmed hen achtervolgde.

Een stukje verderop werd de steeg nog smaller. Ten slotte kwamen ze uit op een plein, waar zich een kleine markt bevond met groente- en fruitkraampjes.

„Zit Ahmed achter ons aan?" schreeuwde Sari, die een paar passen achter Adrian aan rende.

Adrian bleef staan, draaide zich om en speurde snel het plein af. Zijn blik flitste over de menigte die zich voor de kraampjes verdrong. In de gauwigheid zag hij dat de meeste mannen golvende, witte gewaden droegen, maar niemand had een rode doek om zijn nek. Twee vrouwen kwamen uit het steegje de markt op. Ze waren in het zwart gekleed en sjouwden met een mand vol bananen. Een jongen op een fiets kon hen nog net ontwijken.

„Ik zie hem nergens." Adrian pakte zijn nichtje bij haar hand vast en ze baanden zich haastig een weg door de mensenmassa.

Adrian voelde zijn hart in zijn keel bonzen. Hij was nog nooit in zijn leven zo bang geweest. In stilte duimde hij dat Ahmed hen niet volgde. Hij had geen idee wat de Egyptenaar zou doen als hij hen te pakken kreeg, maar een tweede kans om te ontsnappen zouden ze vast niet krijgen.

Aan de andere kant van de markt sloegen Adrian en Sari een hoek om. Ze kwamen nu op een brede, drukke straat. Er denderde een vrachtwagen voorbij, met een aanhanger erachter waarop twee kamelen stonden. Overal liepen mensen die aan het winkelen waren, en zakenlui.

Nadat ze een tijdje in een snel tempo hadden doorgelopen, bleven Adrian en Sari ten slotte voor de ingang van een groot warenhuis staan. Hijgend zette Adrian zijn handen op zijn knieën. Hij boog voorover en probeerde weer op adem te komen.

„Ik zie Ahmed nergens," merkte Sari op. Ze keek met samengeknepen ogen over haar schouder in de richting waar ze vandaan waren gekomen.

„Volgens mij is hij ons niet eens achterna gegaan," merkte Adrian op.

Hij keek naar zijn nichtje en verwachtte zo half en half dat Sari opgelucht zou zijn. Tot zijn verbazing stond haar gezicht echter bezorgd. Ze keek met een wanhopige blik om zich heen. Zenuwachtig streek ze haar haren uit haar gezicht.

Adrian had het idee dat het nog niet helemaal tot haar was doorgedrongen dat ze nu buiten gevaar waren. „Het is ons gelukt!" zei hij daarom. „Kom op, dan gaan we naar je vader. Hij moet weten wat er is gebeurd."

„Ja, en dat is het volgende probleem," mompelde Sari bedrukt, met haar blik op de mensenmassa die langs hen heen dromde op de stoep.

Adrian keek haar vragend aan. „Wat bedoel je?"

„Ik bedoel dat we verdwaald zijn, sukkel!" Sari gebaarde moedeloos om zich heen. „Verdwaald, de weg kwijt, weet je wel," herhaalde ze.

Adrian slikte. Daar had hij even niet aan gedacht. Hij moest toegeven dat zijn oriënteringsvermogen hem nu ook in de steek liet. Ze waren wel teruggelopen in de richting van het centrum van de stad, maar hij had geen flauw idee hoe groot dat was. Aan de straatnaambordjes en de bewegwijzering hadden ze niets, want die waren allemaal in het Arabisch.

„Tja..." aarzelde hij. Hij keek om zich heen naar de hoge gebouwen van glas en beton. „Misschien kunnen we gewoon aan iemand de weg naar het hotel vragen."

„Maar niemand verstaat ons!" zuchtte Sari.

„Ach, dat zal wel meevallen," hoopte Adrian. „Een beetje Engels zullen ze toch wel..."

Op dat ogenblik ontdekte Adrian de oplossing van hun probleem. Hij stond geparkeerd langs de stoep. Het was een taxi, een lege taxi.

„Kom mee." Adrian pakte Sari's arm vast en trok haar vastberaden mee naar de wagen.

De chauffeur, een magere, jonge man met een grote, zwarte snor en touwachtig, donker haar dat onder een zwart baseballpetje uitpiekte, draaide zich om toen Sari en Adrian de taxi in stapten.

„We moeten naar het Caïro Center Hotel." Adrian wierp Sari een geruststellende blik toe.

De chauffeur staarde hem verwezen aan, alsof hij niet begreep wat Adrian bedoelde.

„Wilt u ons alstublieft naar het Caïro Center Hotel brengen?" herhaalde Adrian, langzaam en duidelijk.

Tot zijn grote verbazing wierp de chauffeur plotseling

zijn hoofd in zijn nek. Hij sperde zijn mond wagenwijd open en barstte in lachen uit.

De taxichauffeur lachte tot de tranen over zijn wangen liepen.

Sari greep Adrian bij zijn arm. „Hij werkt vast voor Ahmed," fluisterde ze. „We zijn in de val gelopen."

„Huh?" Adrian voelde de angst weer opborrelen. Zou het waar zijn wat Sari zei? Nee, dat zou toch wat al te toevallig zijn.

Maar waarom reageerde die taxichauffeur dan zo vreemd?

Adrian greep de portierhendel vast en wilde weer uit de taxi springen, maar de chauffeur hief zijn hand op om hem duidelijk te maken dat hij moest blijven zitten. Ondertussen zat hij nog steeds te lachen.

„Kom op, Adrian... wegwezen!" Sari gaf haar neef een harde duw, zodat hij tegen het portier aanviel.

„Caïro Center Hotel?" Blijkbaar kon de chauffeur toch praten. Hij veegde zijn lachtranen weg en wees door de voorruit. „Caïro Center Hotel?"

Adrian en Sari keken in de richting die hij aanwees.

En daar stond het hotel. Recht tegenover hen, aan de overkant van de straat.

De chauffeur kreeg weer een nieuwe lachbui en hij schudde zijn hoofd.

„B...bedankt," stotterde Adrian met een knalrood hoofd. Hij wist niet hoe snel hij uit de taxi moest stappen.

Sari volgde zijn voorbeeld. Er lag een spottende grijns op haar gezicht.

„Waarom lach je nou? Zo leuk is het niet.” Adrian keek haar nijdig aan. „Die taxichauffeur heeft al net zo'n raar gevoel voor humor als jij.” Hij draaide zich nog even om en zag dat de man met de snor hen lachend nakeek.

„Kom op, opschieten!” Sari gaf een ruk aan Adrians arm. „Mijn vader moet zo vlug mogelijk weten wat Ahmed heeft gedaan, dan kan hij actie ondernemen. Volgens mij kan hij het beste naar de politie gaan. Tenslotte heeft Ahmed geprobeerd ons te ontvoeren.”

Ze renden het hotel binnen, haalden hun sleutel op bij de receptie en gingen met de lift naar boven.

Tot hun grote verbazing was de hotelkamer verlaten. Het briefje dat Adrian voor zijn oom had achtergelaten, lag nog op precies dezelfde plek op tafel. Het was niet verschoven of aangeraakt.

„Mijn vader is helemaal niet terug geweest,” riep Sari uit. Ze pakte het briefje op en verfrommelde het tot een prop. „Ahmed heeft de hele tijd gelogen!”

Adrian liet zich op de bank ploffen. „Hoe wist hij dan waar hij ons kon vinden?”

„Van de receptioniste waarschijnlijk,” meende Sari. „Al begrijp ik nog steeds niet waarom hij ons eigenlijk wilde ontvoeren.”

Plotseling vloog de deur van de suite open. Adrian en Sari sprongen geschrokken overeind.

„Pap!” riep Sari.

Adrian haalde opgelucht adem. Heel even was hij bang geweest dat het Ahmed was.

„Moet je horen, pap, er is toch zoiets raars gebeurd...”

Sari's vader sloeg zijn arm om haar schouders en duwde haar zachtjes in de richting van de bank. Adrian zag dat zijn oom een beetje verdwaasd voor zich uit staarde.

„Het lijkt wel of er alleen maar vreemde dingen gebeuren," mompelde Ben Palmer. Hij schudde zijn hoofd. „Ik snap er niets van. Twee van mijn medewerkers..."

„Kom je nu pas uit het ziekenhuis?" onderbrak Sari hem verbaasd. „Waarom? Hoe gaat het met je collega's?"

„Niet goed, helemaal niet goed." Haar vader ging op de leuning van de bank zitten en staarde zijn dochter aan, zonder haar echt te zien. „Ze verkeren allebei in... in een soort shocktoestand. Ja, zo kun je het 't beste omschrijven. Er is geen zinnig woord uit hen te krijgen."

„Wat is er gebeurd? Hebben ze een ongeluk gehad in de piramide of zo?" Adrian keek zijn oom onderzoekend aan.

Ben Palmer wreef over de kale plek op zijn hoofd. „Dat weet ik niet. Het is wat ik zeg, er is geen normaal woord uit hen te krijgen. Ze brabbelen maar wat onverstaanbare woorden voor zich uit. Het lijkt wel of iets, of iemand, hen zo bang heeft gemaakt, dat ze geen gewoon woord meer kunnen uitbrengen. De artsen snappen er ook niets van. Een van hen vertelde dat..."

„Pap, moet je horen. Wij hebben ook iets ergs meegemaakt! Ahmed heeft geprobeerd ons te ontvoeren!" viel Sari haar vader in de rede. Ze kon niet langer het geduld opbrengen om naar haar vader te luisteren.

„Wat? Ahmed?" Ben Palmer kneep zijn ogen samen en fronste zijn voorhoofd. „Hè... wat bedoel je, Sari?"

„Ahmed. Die man van de universiteit, die bij jullie in de piramide werkt. Je weet toch wel wie ik bedoel? Die met het witte pak en de rode halsdoek. Hij heeft meestal een klembord bij zich," legde Sari ongeduldig uit.

„Hij zei dat u hem had gestuurd om ons te halen," vulde Adrian aan. „Hij kwam naar het museum..."

„Het museum?" Ben Palmer keek Adrian en Sari om de beurt aan. „Wat deden jullie in het museum? Ik dacht dat ik had gezegd..."

„Het was hier zo saai en warm." Sari schoof een beetje ongemakkelijk heen en weer op de bank. Ze durfde haar vader niet aan te kijken. „En Adrian wilde per se die mummies zien. Daarom zijn we naar het museum gegaan. Maar opeens verscheen Ahmed. Hij zei dat jij hem had opgedragen om ons terug te brengen naar het hotel. We moesten met hem meelopen naar zijn auto."

„Maar hij reed een hele verkeerde kant op," nam Adrian het verhaal weer over. „Gelukkig konden we uit de auto ontsnappen."

„Ahmed?" herhaalde oom Ben weer, alsof hij het niet kon geloven. „Ik snap er niets van. Die is toch heel betrouwbaar? Het viel me juist op dat hij zulke uitmuntende aanbevelingsbrieven en referenties had."

„Wat voor werk doet Ahmed precies in de piramide?" informeerde Adrian.

„Ahmed is gespecialiseerd in hiërogliefen," legde Ben Palmer uit. „Hij studeert oud-Egyptisch. Hij is voornamelijk geïnteresseerd in de tekens en symbolen, die we in de piramide ontdekken."

Adrian knikte, maar hij snapte er nu helemaal niets meer van. Wat moest Ahmed dan van hem en Sari? Waarom had hij geprobeerd hen te ontvoeren? Hij keek naar zijn oom. „Heeft u soms een idee wat Ahmed met ons van plan was?"

„En waar hij ons naartoe wilde brengen?" vroeg Sari zich hardop af.

„Ik zou het niet weten," antwoordde haar vader. „Maar ik kom er nog wel achter, al moet de onderste steen boven komen." Hij schudde verbijsterd zijn hoofd. „Wat een vreemde toestanden allemaal. Is alles verder oké met jullie?"

„Ja hoor," antwoordde Sari.

Ben Palmer knikte en keek op zijn horloge. „Mooi. Dan ga ik nu naar de piramide. Misschien dat ik Ahmed daar tref. Dit zaakje wil ik tot op de bodem uitzoeken."

Buiten schoof er een grote wolk voor de zon en plotseling werd het een stuk donkerder in de kamer.

„Ik zal bij de roomservice iets te eten voor jullie bestellen," ging Ben Palmer verder. „Redden jullie het hier tot ik terugkom?"

„Wat?" riep Sari gealarmeerd. „We hoeven hier toch niet weer in ons eentje achter te blijven, hè? Dat doe ik niet, hoor!"

Adrian was het roerend met haar eens. „Kunnen we niet met u mee?" stelde hij voor.

„Ja, dat doen we," besloot Sari, zonder haar vader de gelegenheid te geven om te antwoorden.

Ben Palmer dacht even na. Ten slotte schudde hij zijn

hoofd. „Te gevaarlijk," besloot hij. Met samengeknepen ogen keek hij van Adrian naar Sari. „Eerst wil ik uitzoeken hoe het zit met Ahmed, daarna moet ik erachter zien te komen wat er met mijn medewerkers is gebeurd. Pas als dat allemaal achter de rug is..."

„Maar pap, stel je nou voor dat Ahmed hier naartoe komt?" Sari's stem klonk echt bang. „Hij weet precies in welk hotel we logeren. Nou, dan is het ook geen probleem meer om achter het kamernummer te komen."

Haar vader knikte aarzelend. „Tja, daar zeg je zo wat," mompelde hij.

„Je kunt ons hier echt niet alleen achterlaten," drong Sari aan.

Ben Palmer staarde uit het raam naar de donkere lucht. „Oké, je hebt gelijk," zei hij ten slotte. „Er zit niets anders op dan dat ik jullie meeneem naar de piramide."

Adrian slaakte een opgeluchte zucht.

„Maar jullie moeten plechtig beloven dat jullie deze keer wel bij me blijven," vervolgde zijn oom ernstig. Hij keek Sari nadrukkelijk aan. „En dat méén ik. Niet met z'n tweeën er vandoor gaan en geen flauwe grappen meer."

Adrian keek verbaasd naar zijn oom. Vandaag ontdekte hij een heel andere kant van oom Ben. Tot nu toe had hij Ben Palmer altijd gezien als de lolbroek van de familie, iemand die je niet echt serieus hoefde te nemen.

Nu merkte hij dat zijn oom wel degelijk iemand was om rekening mee te houden. Het gaf Adrian een geruststellend gevoel. Het zou prettig zijn als oom Ben erbij was als ze Ahmed weer ontmoetten...

HOOFDSTUK 10

Ze aten vlug een hapje in het restaurant van het hotel en reden daarna door de woestijn naar de piramide.

De zon liet zich niet meer zien. De wolken hulden het landschap in onheilspellende schaduwen. Ze kleurden het woestijnzand donker, met glinsterende tinten blauw en grijs.

Het duurde niet lang voor de immense piramide opdoemde aan de horizon. Het bouwwerk leek groter naarmate ze dichterbij kwamen over de vrijwel verlaten snelweg.

Ben Palmer reed weer de particuliere weg af naar de piramide. Daar parkeerde hij de auto en ze stapten uit. Er was een harde wind opgestoken, waardoor het zand hoog opwaaide en om hun benen cirkelde.

Normaal gesproken waren er altijd wel toeristen die naar de piramide kwamen kijken, maar vandaag was het vrijwel uitgestorven vanwege het weer.

Adrian liep achter Sari en haar vader aan naar de ingang van de piramide. Daar werd het pasje weer gecontroleerd. Voordat ze in de gang zouden verdwijnen, pakte Adrians oom twee beepers uit de grote tas die hij uit zijn kofferbak had gehaald. Hij gaf Adrian en Sari er ieder een. „Klem deze aan jullie broekriem. Het is voor de zekerheid, als er iets gebeurt." Hij hielp Adrian de beeper aan de riem van zijn spijkerbroek te klemmen. „Wanneer je op dit knopje drukt, wordt er een signaal doorgeseind naar het apparaatje dat ik bij me heb," legde hij uit.

„Daarna kan ik je opsporen door het geluidssignaal te volgen. Natuurlijk verwacht ik niet dat jullie het hoeven te gebruiken, omdat jullie hebben beloofd dicht bij me te blijven," liet hij er veelbetekenend op volgen.

Vervolgens gaf hij hun ook allebei een zaklantaarn. „Pas op waar je loopt," waarschuwde hij. „Richt het licht naar beneden, ongeveer een meter voor je voeten op de grond."

„Dat weten we wel, hoor pap," onderbrak Sari haar vader ongeduldig. „We zijn hier al eerder geweest, weet je nog?"

„Doe nou maar wat ik zeg," hield Ben Palmer vol. Hij draaide zich om en verdween in de donkere piramideopening.

Adrian maakte aanstalten om zijn oom te volgen, maar bedacht zich op het allerlaatste moment. Hij bleef staan en viste de mummiehand uit zijn broekzak.

Sari had zijn bewegingen gevolgd. „Wat ga je met dat ding doen?" vroeg ze nieuwsgierig.

„Gewoon, vasthouden. Dan brengt hij geluk, dat heb ik al een paar keer gemerkt."

Sari keek hem laatdunkend aan. „Ja hoor, echt iets voor jou!" Ze gaf Adrian een duw in de richting van de gang. „Loop nou maar door."

Een beetje geërgerd liet Adrian de mummiehand weer in zijn broekzak glijden en volgde zijn oom naar binnen.

Even later klommen ze opnieuw voorzichtig langs de touwladder naar beneden en liepen de smalle gang in.

Ben Palmer ging voorop. De brede lichtkring van zijn

zaklantaarn zwaaide van links naar rechts. Sari bevond zich een paar stappen achter haar vader en Adrian sloot de rij.

Een beetje verbaasd constateerde hij dat de gang nog smaller en lager leek dan de vorige keer. Ze kwamen maar langzaam vooruit.

Adrian klemde zijn vingers om de zaklantaarn, hield het licht naar beneden gericht en wurmde zich met gebogen hoofd verder, zodat hij zijn hoofd niet stootte tegen het lage, gewelfde plafond.

De gang boog af, liep vervolgens steil naar beneden en splitste zich in twee gangen op. Ben Palmer nam de meest rechtse gang. Het enige geluid was dat van hun schoenen die over de zanderige, droge vloer schraapten.

Adrian schrok toen zijn oom plotseling hoestte.

Even later zei Sari iets. Adrian kon niet verstaan wat, want hij was even blijven staan om met het licht van zijn zaklantaarn een grote, zwarte spin te volgen, die zich zijdelings over de grond haastte. Zijn oom en nichtje liepen intussen verder.

Plotseling verdween de spin ergens onder het zand. Adrian wilde doorlopen, maar op hetzelfde ogenblik ontdekte hij tot zijn grote ergernis dat zijn veter weer los was gegaan. „Nee hè, niet weer..."

Adrian bukte zich om de veter vast te maken en legde de zaklantaarn zolang even naast zich op de grond.

„Wacht even!" riep hij naar zijn oom en Sari.

Die liepen echter gewoon door. Vaag hoorde Adrian in de verte het gemurmel van hun stemmen.

Hij maakte snel een dubbele knoop in de veter, griste zijn zaklantaarn van de grond en krabbelde overeind. „Hé, wacht nou even!"

Tot zijn grote schrik was de gang voor hem stikdonker.

Adrian bleef met een ruk staan. Waar waren zijn oom en Sari gebleven?

Het drong nu ook tot hem door dat hij hun stemmen niet meer hoorde. Adrian rilde. Opeens leek de gang veel killer.

Hij zette zijn handen als een toeter rond zijn mond. „Hé!" Zijn stem echode door de gang.

Maar niemand antwoordde.

„Wacht nou!"

Dat was echt iets voor zijn oom en Sari, dacht Adrian geërgerd. Ze hadden het zo druk met elkaar, dat ze hem helemaal waren vergeten. Hij besefte dat hij meer boos was dan bang. Zijn oom had hem letterlijk opgedragen om dicht in de buurt te blijven, en nu liep Ben Palmer gewoon door en liet Adrian in z'n eentje achter.

„Sari! Oom Ben! Hé, waar zitten jullie?" schreeuwde Adrian.

Het bleef doodstil.

Adrian richtte het licht voor zijn voeten op de grond. Laag bukkend, met zijn hoofd naar beneden, begon hij op een sukkeldrafje door de gang te lopen, die scherp naar rechts afboog.

Even later voelde Adrian dat de gang geleidelijk aan omhoogging. De lucht werd steeds warmer. Hij merkte dat hij buiten adem begon te raken.

„Oom Ben!" schreeuwde hij weer. „Sari!"

Ze waren vast en zeker om de volgende bocht in de gang verdwenen, hield Adrian zichzelf voor. Zoveel tijd had het hem toch niet gekost om zijn veter vast te maken? Zijn oom en nichtje konden nog niet zo heel ver weg zijn.

Opeens hoorde hij een geluid. Adrian bleef staan en luisterde.

Doodse stilte.

Verward schudde hij zijn hoofd. Begon hij zich soms dingen te verbeelden die er niet waren?

In een flits vroeg Adrian zich af of dit soms weer zo'n flauwe grap was van zijn oom. Hadden zijn oom en Sari zich verstopt om te kijken hoe hij zou reageren?

Was dit weer zo'n truc om hem op de kast te jagen?

Het was niet onwaarschijnlijk. Adrian wist uit ervaring dat zijn oom tot alles in staat was en hij herinnerde zich nog maar al te goed hoe hard zijn oom had gelachen toen Sari hem vertelde dat ze zich in de sarcofaag had verstopt om Adrian aan het schrikken te maken.

Hadden ze zich nu allebei in een grafkist verborgen om te wachten tot hij voorbij kwam en hem dan de stuipen op het lijf te jagen?

Adrian voelde zijn hart bonzen in zijn keel. Ondanks het feit dat het weer wat warmer was in deze de eeuwenoude gang, had hij het ijskoud. Allerlei gedachten flitsten door zijn hoofd, totdat hij ten slotte een besluit nam. Nee, dit kon geen grap zijn. Adrian had zijn oom nog nooit zo ernstig meegemaakt als vandaag. Ben Palmer maakte zich zorgen over Ahmed en over de vreemde ziekte die twee van zijn medewerkers had getroffen. Hij was niet in de stemming geweest voor grappen.

Adrian liep weer door. Tijdens het lopen tastte hij met zijn hand naar de beeper aan zijn riem. Hij aarzelde even. Zou hij op de knop drukken? Dan kwam zijn oom hem wel halen.

Na lang wikken en wegen besloot Adrian uiteindelijk om het niet te doen. Hij wilde zich tegenover Sari niet laten kennen. Als hij zijn oom nu al opriep, dan zou Sari natuurlijk overal gaan rondbazuinen dat Adrian al om hulp had gevraagd nadat hij nog geen vijf minuten in z'n eentje door een gang had gelopen.

De gang maakte een bocht en werd nog smaller. De muren leken Adrian in te sluiten en hij kreeg het steeds benauwder.

„Sari? Oom Ben?"

Zijn stem klonk ijl. Geen echo. Misschien was de gang hier te smal voor een echo.

Adrian voelde dat de grond onder zijn voeten harder werd, minder zanderig. In het gelige licht van zijn zaklantaarn ontdekte hij talloze scheurtjes in de muren. Ze leken op donkere bliksemschichten die uit het plafond naar beneden schoten.

„Hé... waar zijn jullie nou?" schreeuwde hij.

Opeens bleef Adrian staan. De gang vertakte zich in twee richtingen.

Plotseling werd hij overvallen door een gevoel van paniek.

Waar waren zijn oom en Sari gebleven? Ze moesten intussen toch wel doorhebben dat ze hem ergens kwijt waren geraakt? Waarom hadden ze hem niet opgewacht?

Besluiteloos keek Adrian naar de twee gangen. Met zijn zaklantaarn verlichtte hij eerst de ene gang en daarna de andere.

Welke gang zouden zijn oom en Sari hebben genomen?

Zou hij hier op hen blijven wachten? Maar dan zouden ze steeds verder van elkaar verwijderd raken. Hij kon beter doorlopen. Als dan bleek dat hij de verkeerde gang had gekozen, kon hij altijd nog teruggaan.

Op goed geluk en met bonzend hart koos Adrian de linkergang. Steeds weer schreeuwde hij hun namen.

Geen antwoord.

Na een paar honderd meter draaide Adrian zich om en liep snel terug. Terwijl de brede lichtcirkel woest over de grond danste, nam hij de rechtergang. Deze was breder en hoger, en maakte een lichte bocht naar rechts.

Een doolhof van gangen. Adrian herinnerde zich dat zijn oom de piramide zo had beschreven. Voor je het weet, ben je verdwaald, waren zijn letterlijke woorden geweest.

In beweging blijven, hield Adrian zichzelf voor. Doorlopen. Zijn oom en Sari moesten dicht in de buurt zijn. Dat kon haast niet anders...

Toch maakte zich langzamerhand een verlammende angst van Adrian meester. Stel je voor dat hij echt verdwaalde. Opeens schoot hem ook weer het verhaal over de vloek te binnen. De vloek van de farao.

Schichtig keek hij over zijn schouder. Duisternis. Een angstaanjagende duisternis. Er kon wel van alles achter hem aan sluipen zonder dat hij het merkte.

Adrian begon sneller te lopen en riep voor de zoveelste keer de naam van zijn oom.

Op dat ogenblik hoorde hij een geluid. Adrian bleef staan en luisterde. Waren dat stemmen?

Een doodse stilte daalde op hem neer. Het was zo stil, dat Adrian het bloed in zijn oren hoorde suizen.

Aarzelend deed hij een stap naar voren.

Weer dat geluid.

Adrian spitste zijn oren en hield zijn adem in.

Nu hoorde hij het weer, een ratelend geluid. Een zacht ritselen. Geen menselijke stem. Misschien was het een insect... of een rat.

„Oom Ben? Sari?"

Stilte.

Adrian deed nog een paar stappen vooruit. En weer een paar.

Plotseling besloot hij zijn trots opzij te zetten en hen op te beepen. Wat kon het hem eigenlijk schelen dat Sari hem daar later mee zou pesten? Adrian was zo bang dat hij zich er niet langer druk om kon maken.

Als zijn oom de beeper hoorde, zou hij binnen een paar tellen bij hem zijn.

Adrian stak zijn hand uit naar de beeper aan zijn riem. Opeens schrok hij van een hard geluid. Weer dat krakende, ritselende geluid.

Als versteend bleef hij staan om te luisteren. De angst

greep hem naar de keel.

Het zachte gekraak werd luider. Het klonk alsof iemand een zak chips onder zijn voeten platstampte.

Nog luider.

Het geluid kwam pal onder zijn eigen voeten vandaan.

Met trillende handen richtte Adrian zijn zaklantaarn op zijn schoenen.

Het duurde een eeuwigheid voordat het tot hem doordrong wat er aan de hand was.

De eeuwenoude grond onder Adrians voeten begon te barsten.

Het gekraak werd steeds luider en leek van alle kanten tegelijk te komen.

Tegen de tijd dat Adrian besefte wat er gebeurde, was het al te laat.

Hij had het gevoel of hij naar beneden werd gezogen door een enorme kracht.

De grond barstte onder zijn voeten open en hij begon te vallen.

Adrian viel steeds dieper naar beneden, een eindeloos zwart gat in.

Hij opende zijn mond om te gillen, maar er kwam geen geluid over zijn lippen.

Zijn handen schoten omhoog en graaiden...

Niets. Geen enkel houvast te vinden.

HOOFDSTUK 11

Heel in de verte hoorde Adrian zijn zaklantaarn met een klap op de grond vallen.

Daarna volgde hij zelf. Hard.

Hij kwam op zijn zij terecht. Er flitste een pijnscheut door Adrians lichaam en het werd rood voor zijn ogen. Een knalrode waas die steeds feller werd, zodat hij ten slotte zijn ogen moest sluiten. Daarna was er niets meer.

Toen Adrian zijn ogen weer opende, was de wereld verborgen achter een grijsgele mist. Zijn hele lichaam deed zeer. Vooral zijn rechterelleboog bonkte pijnlijk. Adrian pakte hem voorzichtig vast en strekte zijn arm. Dat lukte in ieder geval nog, dus waarschijnlijk had hij niets gebroken.

Voorzichtig ging hij rechtop zitten. De mist in zijn hoofd begon langzaam op te trekken.

Versuft keek Adrian om zich heen. Waar was hij? Hij zag niets dan duisternis.

Opeens drong een zure stank zijn neusgaten binnen. Het was de stank van verval. Van verrotting. Van eeuwenoud stof.

Kon hij maar zien waar hij was. Adrian dacht aan de doffe klap die hij had gehoord voor hij zelf op de grond terechtkwam. Waarschijnlijk was er niet veel meer over van zijn zaklantaarn. Toch begon hij voorzichtig om zich heen te tasten over de ruwe, stoffige vloer. Zonder licht was hij volkomen hulpeloos. Verloren.

Het duurde niet lang voor hij de zaklantaarn gevonden

had. Tot zijn grote opluchting werkte het ding nog! Goed spul, oom Ben, dacht Adrian onwillekeurig.

Adrian scheen met de lichtbundel om zich heen. Met zijn ogen volgde hij de lichtstraal naar een muur.

Er ging een schok door hem heen.

Het licht van de zaklantaarn viel op een hand.

Een menselijke hand.

Adrian knipperde even. Was het wel een hand?

Zijn blik gleed verder. De hand zat vast aan een arm en de arm hing stijf langs een gespannen lichaam.

Met wild kloppend hart richtte Adrian het licht op de schemerige gedaante.

Op hetzelfde ogenblik zag hij dat het een mummie was. De mummie stond rechtop tegen een muur tegenover hem.

Het ingezwachtelde gezicht, zonder ogen en mond, staarde Adrian aan, roerloos en dreigend. Het leek alsof de mummie klaarstond om Adrian aan te vallen zodra hij een beweging maakte.

Een mummie! Het licht van Adrians zaklantaarn danste over het ingezwachtelde gezicht.

Tot zijn grote ontzetting merkte Adrian dat hij zijn hand niet stil kon houden en de koude rillingen liepen over zijn rug. Verstard en niet in staat om van de harde grond op te staan, staarde hij huiverend naar de angstaanjagende gestalte.

Adrians ademhaling ging snel en onregelmatig. Om te kalmeren, dwong hij zichzelf om diep in te ademen. De akelige, zure stank drong in zijn neusgaten en hij voelde de inhoud van zijn maag omhoogkomen.

Al die tijd bleef de mummie onbewogen naar hem kijken, stijf rechtop, met zijn armen langs zijn zij.

Waarom staat dat ding daar eigenlijk? De gedachte vormde zich langzaam in Adrians hoofd, nadat hij opnieuw diep had ingeademd. Hij herinnerde zich dat hij ergens had gelezen dat de oude Egyptenaren hun mummies nooit in een staande houding achterlieten.

Toen het even later tot hem doordrong dat de mummie geen aanstalten maakte om hem aan te vallen, werd Adrian weer wat rustiger.

Hij probeerde de zaklantaarn in zijn trillende hand stil te houden en hoestte even. Yek, wat een smerige lucht hing er hier. Zo oud en... muf.

Kreunend van de pijn krabbelde Adrian overeind. Met zijn vingers om de zaklantaarn geklemd, liet hij de lichtstraal van de roerloze, ingezwachtelde gedaante wegglijden. Gaandeweg kwam hij tot de ontdekking dat hij zich in een reusachtig, hoog vertrek bevond. Het was stukken groter dan het vertrek waarin het team van zijn oom aan het werk was. Bovendien stond er veel meer in.

„Allemachtig!" Adrian slaakte geschrokken een kreet, toen het felle licht van zijn zaklantaarn een wel heel merkwaardig tafereel onthulde. Overal om hem heen stonden, lagen en hingen strak ingezwachtelde gedaantes. Adrian wist niet wat hij zag.

Het vertrek stond barstensvol met mummies!

In het dansende licht leken hun schaduwen zich naar Adrian uit te strekken.

Hij deinsde achteruit, terwijl hij de cirkel van licht langzaam over het vreemde, angstaanjagende schouwspel liet gaan. Verbijsterd liet Adrian zijn blik langs de omzwachtelde armen, lijven, benen en bedekte gezichten glijden. Hij had nooit gedacht dat hij nog eens zoveel mummies bij elkaar zou zien!

Ze stonden tegen de muur en lagen op stenen tafels, met hun armen over hun borst gekruist. Ze hadden allerlei vreemde houdingen, laag gebukt of zich hoog uitrekkend, hun armen recht voor zich als reusachtige monsters van Frankenstein.

Tegen een van de muren zag Adrian een rij sarcofagen staan. De deksels stonden open. Zouden de mummies daaruit zijn gekomen? vroeg hij zich af. Hij draaide zich om en richtte de lichtbundel achter zich.

Daar ontdekte hij een wand vol gereedschap. Het waren vreemde, gevorkte werktuigen die Adrian nooit eerder had gezien. Onder het gereedschap, op de grond, lagen stapels lappen en stonden reusachtige potten en kruiken van klei. Verbijsterd deed Adrian een paar stappen naar voren. Met veel moeite lukte het hem de zaklantaarn stil te houden.

Nog een paar stappen.

Hij bewoog zich in de richting van de stapels lappen. Toen Adrian wat dichterbij kwam, zag hij dat het linnen doeken waren. Op hetzelfde ogenblik flitste het door hem heen dat dat het materiaal was dat de oude Egyptenaren gebruikten om hun overledenen mee te mummificeren.

Adrian raapte al zijn moed bij elkaar en liep naar het gereedschap. Hij raakte niets aan, maar bekeek de werktuigen in het dansende licht van zijn zaklantaarn.

Werktuigen en linnen doeken om mummies in te zwachtelen. Adrians hart bonsde in zijn keel. Hij had een gigantische ontdekking gedaan!

Hij liep achteruit en draaide zich weer om naar de roerloze gedaantes.

De cirkel van licht gleed door het vertrek en bleef rusten op een voorwerp dat Adrian niet meteen thuis kon brengen. Met gefronste wenkbrauwen liep hij er naartoe, waarbij hij eerst om twee mummies heen moest die op hun rug op de grond lagen, met hun armen over hun borst gekruist.

Het voorwerp bleek een gemetseld, stenen bad te zijn, ter grootte van een flinke badkuip. Onder het bad bevonden zich twee reusachtige branders. Adrian bleef bij de rand staan en keek erin. Het bad was tot de rand toe gevuld met een zwarte vloeistof. Teer of zo? Nee, het rook anders. Harsachtig.

Adrian begreep er niets van. Waarom was hier een bad gemetseld? Hij had nog nooit gehoord dat de oude Egyptenaren baden metselden in hun piramides.

Opeens voelde hij hoe de haartjes in zijn nek recht overeind gingen staan. Er klopte iets niet.

Hoe kon het bad na vierduizend jaar nog gevuld zijn met een vloeistof? En hoe kwam het dat alles in dit vertrek - de mummies, het gereedschap en het linnen - zo goed bewaard was gebleven?

Weer drong de zure stank Adrians neusgaten binnen. Hij hield zijn adem in om het kokhalzen tegen te gaan. Het was de stank van vierduizend jaar oude lichamen, wist hij nu. Een stank die tot vandaag bewaard was gebleven in dit oude, geheime vertrek.

Terwijl Adrian naar de starre, onheilspellende gedaantes keek die onbeweeglijk terugstaarden, stak hij zijn hand uit naar de beeper aan zijn broekriem.

Dit moest zijn oom zien. Wat zou hij opkijken!

Adrian trok het apparaatje van zijn riem en richtte de lichtbundel erop.

Het enige wat hij hoefde te doen, was op de knop drukken. Daarna zouden zijn oom en Sari meteen komen.

Adrian greep het kleine, vierkante ding stevig vast, bracht zijn hand naar de knop en drukte.

Er gebeurde niets. De schrik sloeg Adrian om het hart.

De beeper was kapot. Stuk. Hij deed het niet meer.

Het lukte Adrian zelfs niet eens de knop in te drukken. Hij moest erop terechtgekomen zijn toen hij was gevallen, besefte hij. Daarom deed zijn heup zo zeer.

Een gevoel van angst bekroop hem. Wat moest hij doen? Hoe moest hij hier ooit uit komen als zijn oom hem niet te hulp schoot?

Adrian keek verslagen om zich heen. Hier stond hij dan, in z'n eentje in een donker vertrek in het hart van de piramide, met vierduizend jaar oude mummies die roerloos en zwijgend naar hem staarden vanuit de diepe, donkere schaduwen.

HOOFDSTUK 12

Nog nooit had Adrian zich zo volkomen verlaten gevoeld. Zijn enige gezelschap bestond uit griezelige, starende mummies. Adrian wist dat ze dood waren, dat ze hem niets konden doen, maar zo voelde het niet. Hij had het gevoel dat het dode leger ieder moment in beweging kon komen om hem aan te vallen. Zijn hart bonkte in zijn keel.

Vol afgrijzen keek Adrian naar de kapotte beeper in zijn hand.

Plotseling leek het of alles op hem afkwam. De muren, het plafond, de duisternis.

En de mummies, niet te vergeten.

Struikelend deed Adrian een paar stappen naar achteren. Hij klemde de zaklantaarn zo stevig in zijn hand, dat zijn knokkels wit werden.

Het licht speelde over de roerloze gedaantes.

Ze bewogen zich niet.

Ondanks zijn penibele toestand grinnikte Adrian even zuur. Nee, natuurlijk bewogen ze zich niet.

Hij deed nog een stap naar achteren. De zure stank leek sterker te worden, dikker. Adrian hield zijn adem in, maar de lucht bleef in zijn neus en zijn mond hangen. Hij kon het bijna proeven, de verrotting, de vierduizend jaar oude geur van de dood.

Hij smeet de waardeloze beeper op de grond en liep nog verder achteruit, terwijl hij strak naar de griezelige mummies bleef staren.

Wat moest hij nu doen?

De stank maakte Adrian misselijk. Hij besefte dat hij een manier moest bedenken om uit het vertrek te komen. Hij moest zijn oom vertellen wat hij had ontdekt. Hij moest ontsnappen uit de piramide.

Nog een stap naar achteren.

„Help!" Adrian probeerde te schreeuwen, maar er kwam alleen een zwak gefluister over zijn lippen. Misschien was zijn stem aangetast door de zware, smerige lucht.

„Help! Is daar iemand?"

Hij klemde de zaklantaarn onder zijn arm en zette zijn handen als een megafoon rond zijn mond. „Help! Hoort iemand me?"

Adrian luisterde wanhopig of hij een antwoord kreeg.

Doodse stilte.

Waar waren zijn oom en Sari gebleven? Waarom hoorden ze hem niet? Waarom waren ze niet naar hem op zoek? Ze hadden nu toch wel door dat hij er niet meer bij was!

„Help! Iemand... help me!"

Adrian schreeuwde zo hard hij kon, met zijn hoofd opgericht naar het gat in het plafond, het gat waardoor hij naar beneden was gevallen.

„Is daar iemand?"

Hij voelde hoe de angst hem langzamerhand in zijn greep kreeg. De paniek overspoelde hem, golf na verlammende golf.

„Help! Ik wil eruit!"

Nog een stap naar achteren.

Plotseling knarste er iets onder Adrians linkerschoen.

Hij uitte een schelle kreet en struikelde naar voren.

Vanuit zijn ooghoek zag hij iets wegflitsen over de grond.

Adrians hart sloeg een slag over van schrik.

Op hetzelfde ogenblik voelde hij iets langs zijn enkel strijken.

Adrian gilde het uit. De zaklantaarn gleed onder zijn arm vandaan en viel kletterend op de grond.

Meteen werd alles donker.

Weer voelde Adrian iets langs zijn benen strijken.

Iets hards. En hij hoorde geluiden. Zachte, krabbelende geluiden op de grond. Er hapte iets naar zijn enkel.

Adrian schopte ernaar, maar raakte alleen lucht.

Hij kreeg het onheilspellende vermoeden dat er beesten bij zijn voeten zaten. Een groot aantal wriemelende beesten. „Nee hè," fluisterde hij.

Maar wat waren het?

Opnieuw haalde er iets uit naar zijn enkel en Adrian trapte er woest naar.

Met wild kloppend hart bukte hij zich en grabbelde in het donker naar de zaklantaarn.

Zijn hand raakte iets hards. Het bewoog.

„Getver!" Met een verstikte kreet trok Adrian zijn hand terug. Terwijl hij in het donker naar zijn zaklantaarn zocht, leek de grond om hem heen tot leven te komen. De vloer golfde, deinde en krabbelde en bewoog heen en weer onder Adrians schoenen.

Eindelijk vond hij de zaklantaarn. Adrian griste hem van de vloer, kwam snel overeind en probeerde het apparaat met trillende vingers aan te doen.

Terwijl hij achteruit stapte, gleed er iets langs zijn been. Het voelde hard aan.

Weer hoorde Adrian de klikkende, happende geluiden. Hij kon het nog steeds niet thuisbrengen.

Zwaar ademend en half verlamd van angst, deed hij een sprong naar achteren en probeerde te ontsnappen, terwijl hij met de zaklantaarn friemelde.

Weer kraakte er iets onder zijn schoen. Adrian sprong opzij en voelde dat er iets tussen zijn voeten wegschuifelde.

Eindelijk lukte het hem de zaklantaarn aan te knippen.

Met bonzend hart richtte Adrian de felle straal op de grond.

In het felle licht zag hij de krabbelende, bijtende dieren.

Schorpioenen!

Adrian was in een nest schorpioenen gestapt.

„Help!" Met moeite herkende Adrian zijn eigen verstikte, angstige stem.

Het licht danste over de krioelende dieren, die hun staarten omhoog hielden ten teken dat ze ieder moment konden aanvallen en die zich met klikkende klauwen voortbewogen. Ze kropen over elkaar heen en gleden langs Adrians schoenen.

„Nee...! Alsjeblieft, help me nou..." Adrian sprong verschrikt weg, toen een stel klauwen naar de zoom van zijn spijkerbroek graaiden - en stond bijna boven op een andere schorpioen, die met zijn staart tegen de achterkant van Adrians schoen sloeg.

In zijn haast om aan de giftige dieren te ontsnappen, struikelde Adrian. Hij wankelde en klauwde wanhopig met zijn handen om zich heen. Hij mocht niet vallen, niet nu! Maar er was niets waar Adrian zich aan vast kon grijpen. Hij slaagde er niet in om zijn evenwicht te herstellen en viel...

Glashelder drong het tot Adrian door dat hij midden in een nest schorpioenen terecht zou komen.

Doodsbang kneep hij zijn ogen stijf dicht.

HOOFDSTUK 13

Op hetzelfde ogenblik voelde hij hoe een hand hem bij zijn broekriem greep.

Een mummie! was Adrians eerste gedachte. Een golf van angst joeg door hem heen.

Onder hem kropen de schorpioenen en deden uitvallen naar zijn voeten.

Dankzij de hand die hem tegenhield, slaagde Adrian er echter in zijn evenwicht te herstellen.

In een flits zag Adrian het beeld van een oude, omzwachtelde mummiehand voor zich. Een van de mummies was tot leven gekomen en had hem gered. Maar wat hing hem nu boven het hoofd?

Adrian vergat adem te halen. Zijn hersenen waren als verlamd.

Even later liet de hand hem los. Bevend slaagde Adrian erin zich om te draaien.

„S...Sari?"

Zijn nichtje pakte zijn arm vast en gaf nog een laatste ruk, zodat ze met z'n tweeën naar achteren struikelden, waar ze eindelijk buiten het bereik waren van de dreigende schorpioenen.

„Sari... hoe...?"

Sari schudde haar hoofd. Zwijgend trok ze Adrian mee naar het middelste gedeelte van het grote vertrek.

Langzamerhand begon Adrian zichzelf weer een beetje onder controle te krijgen. Dat was op het nippertje geweest.

„Dit is de tweede keer dat ik je leven heb gered," merkte Sari op toen ze stilstond. „Yek, wat zijn die beesten eng, zeg!"

„Vertel mij wat." Adrian huiverde. In gedachten beleefde hij opnieuw hoe de griezelige dieren langs zijn enkels omhoog probeerden te klimmen, tussen zijn voeten door schuifelden en kraakten onder zijn schoenen.

Dat krakende geluid zou hij nooit zou vergeten.

„Hoe kom je hier eigenlijk?" vroeg Adrian zijn nichtje. Hij moest toegeven dat hij nog nooit zo blij geweest was om iemand te zien, ook al was die iemand Sari.

„Mijn vader en ik hebben je overal gezocht," begon ze.

Adrian trok haar voor alle zekerheid nog wat verder bij de schorpioenen vandaan. Intussen probeerde hij wanhopig het bonzen van zijn hart weer onder controle te krijgen en op adem te komen, zodat hij zich op Sari's antwoord kon concentreren.

Sari wees met de lichtbundel van haar zaklantaarn naar een donkere hoek van het vertrek. Adrians oog viel op een ingang, die hij niet eerder had opgemerkt. „Ik was op zoek naar je," vertelde ze. „En daardoor ben ik mijn vader kwijtgeraakt. Niet te geloven, hè! Die man is zo vreselijk verstrooid. Waarschijnlijk is hij iets interessants tegengekomen en gewoon blijven staan zonder nog aan mij te denken. In ieder geval ben ik dus doorgelopen en tegen de tijd dat ik me omdraaide, was m'n vader nergens meer te zien. Even later zag ik hier licht vandaan komen. Ik dacht dat het mijn vader was."

„Dan ben jij dus ook verdwaald." Adrian veegde met

de rug van zijn hand het klamme zweet van zijn voorhoofd.

„Ik ben niet verdwaald, jíj bent verdwaald," merkte Sari beledigd op. „Hoe doe je dat toch steeds? Mijn vader is razend, dat snap je zeker wel. Hij moet je constant in de gaten houden."

„Het is jullie eigen schuld. Waarom hebben jullie niet op me gewacht?" informeerde Adrian nijdig. „Ik riep, maar jullie liepen gewoon door en opeens waren jullie weg."

„We hoorden je niet." Sari schudde haar hoofd.

„Daar kun je mij moeilijk de schuld van geven," vond Adrian. „Ik heb echt heel hard geroepen."

„Mijn vader en ik hadden een verschil van mening," gaf Sari een beetje onwillig toe, alsof ze eigenlijk niet wilde dat Adrian dat wist. „We dachten dat je gewoon achter ons aan liep. Maar toen we ons omdraaiden, was je verdwenen." Ze zuchtte diep. „Waarom bleef je eigenlijk achter?" vroeg ze met een beschuldigende klank in haar stem. „Je wist toch dat we bij elkaar moesten blijven?"

„Ja, ho eens even, het was niet mijn schuld," protesteerde Adrian.

„Mijn vader is echt kwaad!" Sari scheen met het licht recht in zijn gezicht.

Adrian hief zijn arm op om zijn ogen te beschermen. „Hou daarmee op," snauwde hij. „Wacht maar tot je vader ziet wat ik heb ontdekt. Dan zal hij zo kwaad niet meer zijn. Kijk maar!"

Hij scheen met zijn zaklantaarn op een mummie, die

naast het bad lag, bewoog het licht vervolgens naar een andere mummie op de grond, en vandaar naar de rij sarcofagen langs de muur.

„Wauw," fluisterde Sari ademloos. Haar ogen werden groot van verbazing.

„Zeg dat wel." Adrian keek zijn nichtje triomfantelijk aan. „Dit vertrek staat er vol mee. En aan de muur achter ons hangen allerlei werktuigen, er zijn linnen doeken en alles wat je nodig hebt om iemand te mummificeren. Al het spul verkeert in prima staat, alsof het gisteren pas is gekocht." Zijn stem klonk steeds enthousiaster. „Blijkbaar gebruikten ze dat bad ook bij het proces. Er staan branders onder om die vloeistof op te warmen. En dat heb ik allemaal ontdekt!" voegde hij er zelfvoldaan aan toe.

„Dan zal dit het vertrek zijn waar de Egyptenaren hun overledenen mummificeerden." Sari's blik ging over de mummie. „Maar waarom staan sommige rechtop?"

Adrian haalde zijn schouders op. „Weet ik veel."

Sari draaide zich om en liep naar de muur waar het gereedschap hing. Ze keek vol bewondering naar de stapels keurig opgevouwen doek. „Ongelooflijk hè, dat het zo lang goed blijft!"

„Het is echt te gek," beaamde Adrian tevreden. „En als ik niet was blijven staan om mijn veter vast te maken, had ik dit nooit ontdekt."

„Misschien word je wel beroemd." Sari grijnsde. „En dat heb je aan mij te danken. Tenslotte heb ik je leven gered."

„Nou wordt-ie..." begon Adrian verontwaardigd.

Maar Sari luisterde niet. Ze was het vertrek doorgelopen en bekeek nu een van de staande mummies van dichtbij. „Dit moet mijn vader zien. Wat zal hij opkijken."

Adrian hoorde aan haar stem dat ze al even enthousiast was als hij. „Laten we je vader oproepen," stelde hij voor. Hij keek snel over zijn schouder naar het schorpioenennest en voelde een rilling langs zijn rug lopen.

„Wat waren de mensen toen klein, hè?" Sari hield haar zaklantaarn vlak bij het mummiegezicht. „Kijk maar, ik ben groter dan hij. Of is het een zij? Wat denk je?"

„Sari, druk nou op je beeper," zei Adrian ongeduldig. Hij zou zich een stuk beter voelen als oom Ben hier was.

„Yek, moet je zien. Over het gezicht van deze mummie kruipen insecten rond." Sari deed een stap naar achteren en liet het licht zakken. Ze trok een vies gezicht. „Getver."

„Schiet nou op," drong Adrian aan. „Pak je beeper en roep je vader op." Hij stak zijn hand uit naar het apparaatje aan Sari's riem, maar zijn nichtje deed snel een stap opzij.

„Oké, oké. Waarom heb je die van jou eigenlijk niet gebruikt?"

„Daar ben ik bovenop gevallen toen ik door de vloer zakte en hier terechtkwam."

Sari fronste haar wenkbrauwen en trok het apparaatje van haar riem. Adrian lichtte haar bij met zijn zaklantaarn, terwijl Sari haar vinger naar de knop bracht. Ze drukte er twee keer op, voor alle zekerheid.

Daarna bevestigde ze de beeper weer aan haar riem.

Met hun armen over elkaar geslagen wachtten ze de komst van Ben Palmer af.

„Mijn vader zal zo wel komen," zei Sari na vijf minuten. Ze vestigde haar blik op de donkere ingang in de hoek. „Hij kan niet ver uit de buurt zijn geweest."

Een paar tellen later hoorden ze in de gang doffe voetstappen naderbij komen.

„Oom Ben," riep Adrian opgelucht, nog voordat Sari iets kon zeggen. „Kijk eens wat ik heb ontdekt!"

Met Sari op zijn hielen liep hij op het geluid af en scheen met zijn zaklantaarn de donkere gang in.

„Hé pap, je gelooft nooit..." begon Sari.

Ze zweeg plotseling, toen de gebogen gedaante die uit de duisternis te voorschijn kwam, zich oprichtte.

Adrian staarde de gestalte ongelovig aan. Het gezicht lichtte griezelig op in het halfdonker.

Adrian voelde hoe Sari hem bij zijn arm greep.

„Ahmed?" fluisterde ze geschrokken.

HOOFDSTUK 14

Adrian keek vanuit zijn ooghoeken naar Sari. Hij zag dat het gezicht van zijn nichtje spierwit zag van angst.

Ahmed. De Egyptenaar die had geprobeerd hen te ontvoeren, staarde hen aan. Hier midden in de piramide konden ze geen kant op. Ahmed kon doen wat hij wilde.

Adrian slikte. Sari en hij zaten hopeloos in de val.

Ahmed deed een stap naar voren. Adrian keek naar de brandende toorts in Ahmeds hand. De donkere haren van de Egyptenaar glansden in het flakkerende licht en zijn ogen waren dreigend samengeknepen.

„W...wat... wat doet u hier?" Sari kneep zo hard in Adrians arm, dat hij het bijna uitschreeuwde van pijn.

Met de toorts voor zich stapte Ahmed de donkere gang uit. Zijn blik ging door het vertrek, alsof hij zich ervan wilde overtuigen dat er niets verplaatst was.

„Mijn vader komt eraan, hoor," waarschuwde Sari wanhopig. „Ik heb hem net opgeroepen."

„Ik heb je vader gewaarschuwd, keer op keer." Ahmed staarde naar Sari. Het flakkerende oranje licht van de toorts wierp grillige schaduwen over zijn gezicht.

„Gewaarschuwd?" herhaalde Sari met trillende stem.

„Voor de vloek," verklaarde Ahmed op vlakke toon.

„Ja, daar heeft mijn oom het wel over gehad," merkte Adrian op. Hij keek even naar Sari. „Maar ik geloof niet dat hij dat soort dingen serieus neemt. Volgens hem is het bijgeloof."

„Hij had naar me moeten luisteren," siste Ahmed. Zijn

ogen vlamden woedend op in het licht van de toorts.

Adrian keek de Egyptenaar angstig aan. Hij vroeg zich af waar zijn oom bleef. Waarom duurde het zo lang voordat hij kwam?

„Jullie zullen gestraft moeten worden," zei Ahmed zacht. Het klonk bijna verdrietig. „Ik heb geen keus. Door hier naar binnen te gaan, hebben jullie het heilige vertrek van de priesteres ontwijd."

„W...welke p...priesteres?" stotterde Adrian.

Sari was steeds harder in zijn arm gaan knijpen. Adrian rukte zich los.

„Dit vertrek behoort toe aan priesteres Khala." Ahmed liet de toorts zakken. „We bevinden ons nu in de heilige mummificatie-kamer van de priesteres, en die hebben jullie ontwijd."

„Hoe konden wij dat nou weten?" snauwde Sari. Adrian constateerde dat zijn nichtje opeens helemaal niet meer bang leek te zijn. Zij geloofde kennelijk ook niet in de vloek, net zomin als haar vader. „We waren echt niet van plan om iets stuk te maken, hoor!"

„Dat is waar." Adrian probeerde zelfverzekerd te klinken. Als Sari dat kon, kon hij het ook. Al kostte het hem wel veel moeite, want eigenlijk voelde hij zich bepaald niet moedig. „We hebben niets aangeraakt. Er is niets verschoven. Ik geloof niet..."

„Koppen dicht, allebei!" schreeuwde Ahmed plotseling. Hij zwaaide woest met de toorts.

„Mijn vader kan hier elk moment zijn," herhaalde Sari. Haar stem trilde weer een beetje. Adrian besefte dat ze geschrokken was van Ahmeds uitbarsting en dat ze zichzelf op deze manier probeerde moed in te spreken. Tersluiks keek hij naar de donkere gang. Er bewoog niets. Er was geen geluid te horen. Geen teken van Ben Palmer.

„Je vader is een goede archeoloog," begon Ahmed weer. „Hij is slim. Maar helaas niet slim genoeg om mijn waarschuwingen serieus te nemen."

„Welke waarschuwingen?" vroeg Sari.

Adrian besefte dat ze tijd probeerde te rekken door Ahmed aan de praat te houden tot haar vader kwam.

„Door mijn toedoen liggen Mehemed en Dave nu in het ziekenhuis," vertelde Ahmed. Hij grijnsde. „Langzamerhand zal ik iedereen die de piramide heeft betreden, uitschakelen. Je vader zal spijt krijgen dat hij de grote piramide ooit heeft gezien. Hij zal moeten erkennen dat die vloek echt is. Want ik zal Khala's wensen uitvoeren."

„Wat heeft u met ze gedaan?" fluisterde Sari.

De Egyptenaar grijnsde duivels. „O, dat is een oud recept. Duizenden jaren oud. 'Kruid der Waanzin' noemden de priesters het vroeger. Een heel effectief en moeilijk te traceren vergif." Zijn blik ging naar het stenen bad. „Ze hebben nog geluk gehad," voegde hij er grinnikend aan toe.

„Maar..." begon Sari.

Met een handgebaar kapte de Egyptenaar de rest van haar zin af. „Je vader had hier niet naar binnen moeten gaan. Hij had me moeten geloven. Hij had de vloek van de priesteres serieus moeten nemen. De priesteres vervloekt iedereen die haar vertrek ontwijdt."

„Ach kom, je gelooft toch niet echt...” begon Adrian.

Hij hield haastig zijn mond, toen Ahmed de toorts dreigend naar hem ophief. „Meer dan vierduizend jaar geleden heeft Khala bevolen dat deze heilige kamer nooit door gewone stervelingen betreden mag worden,” siste hij. Hij zwaaide wild met de toorts, die een spoor van oranje licht achterliet in het donker. „Sinds die tijd hebben de afstammelingen van Khala generatie op generatie dit vertrek bewaakt.”

„Maar Ahmed...” zei Sari weer.

„Nu is het mijn beurt,” vervolgde de Egyptenaar, zonder op Sari's onderbreking te reageren. Hij staarde peinzend omhoog, alsof hij rechtstreeks tot de geest van de priesteres sprak. „Nu moet ik als afstammeling van Khala ervoor zorgen dat dit vertrek niet wordt geschonden. Ik moet degenen die deze kamer ontwijden, straffen.”

Adrian keek langs Ahmed naar de duistere gang. Er was nog steeds geen teken van zijn oom. Zou hij wel komen? Misschien was Sari's beeper ook stuk.

„Ik heb hemel en aarde bewogen om in het team van je vader te worden opgenomen, zodat ik ervoor kon zorgen dat het heiligdom van Khala niet zou worden betreden,” vervolgde Ahmed tegen Sari. Donkere schaduwen gleden over zijn dreigende gezicht. „Toen je vader mijn waarschuwingen in de wind sloeg, moest ik wel in actie komen. Ik heb zijn twee medewerkers het ziekenhuis ingewerkt. Daarna wilde ik jullie ontvoeren, om Ben Palmer zo te dwingen zijn werk hier op te geven.”

De Egyptenaar liet de toorts zakken. Zijn gezicht stond

plotseling treurig. „Nu heb ik geen keus meer. Ik moet mijn heilige plichten vervullen. Ik moet de belofte aan Khala nakomen."

„En wat houdt die belofte dan in?" riep Sari uit. In het oranje licht van de toorts zag Adrian dat haar gezicht vertrokken was van angst.

„Wat die belofte inhoudt?" herhaalde Ahmed. Hij gebaarde met de toorts. „Kijk maar om je heen."

Adrian en Sari draaiden zich om en keken het vertrek rond. Ze begrepen niet wat Ahmed bedoelde.

„De mummies," verduidelijkte Ahmed.

Adrian snapte het nog steeds niet. „Wat is er met de mummies?" Hij fronste zijn wenkbrauwen.

„Al deze mensen zijn ongenood de heilige kamer van de priesteres binnengegaan," legde Ahmed uit. Zijn mond krulde zich in een triomfantelijke glimlach.

„Bedoelt u... dat het helemaal geen oude Egyptenaren zijn?" riep Sari. Ze staarde Ahmed vol afschuw aan.

„O, een paar wel," antwoordde Ahmed, nog steeds met die angstaanjagende, kille glimlach. „Sommige van die mummies zijn al duizenden jaren oud. Anderen zijn een stuk jonger. Maar allemaal hebben ze één ding gemeen: ze zijn slachtoffer geworden van de vloek. En ze zijn stuk voor stuk levend gemummificeerd."

„Nee!" Half en half drong het tot Adrian door dat hij had gegild zonder het te beseffen.

Ahmed negeerde zijn doodsbange kreet. „Kijk, die heb ik zelf gedaan." Hij wees naar een mummie die stijf in de houding stond aan de rand van het volle bad.

Sari kreunde zachtjes.

Adrians blik ging opnieuw naar de ingang achter Ahmed. Nog steeds geen spoor van zijn oom. Langzaam begon hij de moed te verliezen.

„En vandaag moet ik opnieuw aan de slag," kondigde Ahmed aan. „Vandaag zullen er twee mummies bij komen. Nieuwe trofeeën voor Khala."

„Dat kunt u toch niet zomaar doen?" gilde Sari.

Adrian pakte haar hand vast, toen de gruwelijke waarheid tot hem doordrong. Hij voelde een ijskoude rilling langs zijn rug lopen. Opeens vielen alle stukjes van de puzzel op hun plaats. Het gereedschap aan de muur en de linnen doeken op de grond waren natuurlijk gebruikt door de afstammelingen van Khala, afstammelingen zoals Ahmed. Nu begreep hij ook waarom sommige van die mummies in zo'n goede staat verkeerden. Ze waren nog niet zo oud! Vanaf de tijd van Khala was iedereen die dit vertrek had betreden - het vertrek waarin Sari en hij zich nu bevonden - gemummificeerd.

Levend.

En nu waren zij aan de beurt.

„Nee!" Sari liet Adrians hand los en balde haar handen tot vuisten.

„Het is Khala's wil," antwoordde Ahmed plechtig. Zijn donkere ogen gloeiden vurig op in het licht van de toorts.

Plotseling had hij een vlijmscherpe dolk in zijn vrije hand. Het wapen schitterde in het licht van de fakkel.

Adrian en Sari deinsden naar achteren, toen Ahmed vastberaden op hen afkwam.

HOOFDSTUK 15

Adrian dacht koortsachtig na, terwijl Ahmed met opgeheven dolk naderbij kwam. Ze moesten proberen hier weg te komen. Hij moest een manier zien te vinden om te vluchten. Razendsnel keek hij om zich heen, maar hij kon zo vlug geen ontsnappingsmogelijkheid ontdekken.

De gang in de hoek was hun enige kans, besefte hij. Maar om daar te komen, zouden ze langs Ahmed moeten.

Adrian zag dat Sari naar haar beeper tastte en haar vinger onafgebroken op de knop gedrukt hield. Met een gezicht dat vertrokken was van angst, keek ze Ahmed aan.

„Yowww!" Adrian gilde het uit, toen hij plotseling met zijn rug ergens tegenaan botste.

Hij draaide zijn hoofd om en staarde recht in het ingezwachtelde gezicht van een mummie. Met een verstikte kreet sprong Adrian opzij.

„Rennen... naar de gang," schreeuwde hij naar zijn nichtje. Zijn keel voelde droog en gespannen aan en praten kostte hem moeite. „Hij kan ons niet allebei grijpen."

Tot zijn grote ergernis zag Adrian dat Sari hem verward aankeek. Had ze hem niet begrepen? Hij stak zijn hand uit om haar een duw te geven, maar de Egyptenaar versperde hen de weg.

„Jullie kunnen niet ontsnappen," zei hij zacht. „Aan de vloek van Khala valt niet te ontsnappen."

„Waarom gaat u ons vermoorden?" gilde Sari hysterisch.

„Jullie zijn Khala's heilige vertrek binnengedrongen." Ahmed hield de toorts omhoog en zijn vingers omklemden de dolk.

Dreigend kwam hij dichterbij. „Zodra ik jullie zag, wist ik dat het zou gebeuren. Ik voorvoelde dat jullie Khala's vertrek zouden binnengaan. Vanaf het eerste moment wist ik dat ik in actie zou moeten komen. Ik..."

Adrian gaf een gil, toen er plotseling iets van bovenaf op zijn hoofd viel.

Hij keek omhoog en zag dat er een touwladder werd neergelaten vanuit het gat waardoor hij naar beneden was gevallen. De ladder zwaaide heen en weer en bereikte even later de grond.

Adrian hoorde dat Sari even haar adem inhield, toen ze een bekende stem hoorden. „Zijn jullie daar? Ik kom eraan!" Het was Ben Palmer.

„Oom Ben... nee! Blijf boven!" Het was eruit voordat Adrian het wist.

Tot zijn schrik was zijn oom echter al aan de afdaling begonnen. Halverwege bleef Ben Palmer op een sport staan en keek naar beneden. „Wat is hier in vredesnaam...?" Zijn blik ging over het merkwaardige tafereel en bleef ten slotte rusten op de Egyptenaar.

„Ahmed, wat doe jij hier?" Ben Palmer liet zich snel naar beneden zakken en sprong van de drie na onderste sport op de grond.

„Ik voer Khala's wens uit." Van Ahmeds gezicht viel niets af te lezen.

„Khala? De priesteres, bedoel je?" Ben Palmer fronste

verrast zijn voorhoofd.

„Hij wil ons vermoorden!" Sari leek uit haar verstarring te ontwaken. Ze rende naar haar vader toe en greep hem bij zijn arm. „Pap... hij gaat ons vermoorden! En daarna verandert hij ons in mummies! Nee, ik bedoel... andersom."

Ben Palmer sloeg zijn arm om Sari's schouders en keek naar Ahmed. „Waar heeft ze het over?"

„Dit vertrek is ontwijd," verklaarde de Egyptenaar kortaf. „En het is mijn taak om degenen die dat op hun geweten hebben, te straffen. Dat is Khala's wil."

Tot Adrians opluchting leek zijn oom onmiddellijk door te hebben wat er aan de hand was. Hij legde zijn handen op Sari's schouders en duwde haar zachtjes opzij. Daarna liep hij rustig naar Ahmed. „Ahmed, laten we naar boven gaan en erover praten." Hij stak zijn rechterhand uit in een vriendschappelijk gebaar.

Ahmed deed een stap naar achteren en zwaaide dreigend met zijn toorts. „De bevelen van de priesteres mogen niet worden genegeerd."

„Ahmed, jij bent een wetenschapper, en ik ook."

Adrian stond er versteld van hoe beheerst zijn oom klonk. Hij vroeg zich af of Ben Palmer toneel speelde, of dat hij echt niet door had hoe groot het gevaar was.

De spanning was om te snijden.

Toch voelde Adrian zich iets rustiger nu zijn oom er was. Hij hoopte dat Ahmed naar hem zou luisteren en hen alle drie zou laten gaan - levend. Hij wierp een blik op Sari, maar zijn nichtje had er geen erg in. Gespannen keek ze naar haar vader, die Ahmed steeds dichter naderde.

„Ahmed, geef mij die toorts maar," drong Ben Palmer aan, met uitgestoken hand. „En de dolk ook. Toe nou. Laten we er rustig over praten, van de ene wetenschapper tot de andere."

„Wat valt er te praten?" Ahmed haalde zijn schouders op en keek Ben Palmer doordringend aan. „De wil van Khala moet worden uitgevoerd, zoals al vierduizend jaar lang is gebeurd. Daar valt niet over te praten."

„Van wetenschapper tot wetenschapper," herhaalde Ben Palmer. Hij sloeg zijn ogen niet neer, maar keek Ahmed recht aan. „De vloek is oud. Khala heeft eeuwenlang haar zin gehad. Misschien wordt het nu tijd om de hele zaak te laten rusten. Laat je wapen zakken, Ahmed. Laten we erover praten. Kom, wat dacht je ervan?"

Alles komt in orde, dacht Adrian opgelucht. Eind goed, al goed. Straks zijn we hier weg.

Op dat ogenblik kwam Ahmed bliksemsnel in beweging.

Zonder waarschuwing vooraf, zonder iets te zeggen, zwaaide hij zijn arm met de toorts naar achteren, haalde ver uit en sloeg met de toorts zo hard hij kon tegen Ben Palmers hoofd.

Adrian hoorde een doffe dreun toen de fakkel tegen de slaap van zijn oom kwam.

De oranje vlammen laaiden hoog op.

Een draaikolk van kleuren.

Ben Palmer kreunde. Even verscheen er een verraste

blik in zijn ogen. Toen zakte hij langzaam, als in slowmotion, door zijn knieën. Roerloos bleef hij op de grond liggen.

Ahmed hief de toorts hoog op. Zijn ogen glinsterden triomfantelijk.

Verlamd van angst keek Adrian toe. Sari en hij waren ten dode opgeschreven. Zeker weten.

„Pap!" Sari rende naar haar vader toe en wilde bij hem neerknielen.

Maar Ahmed bewoog sneller. Met de toorts voor zich uit en de dolk in de aanslag hield hij Sari tegen en dwong haar naar achteren te lopen.

Adrian zag een dun straaltje bloed langs de zijkant van het gezicht van zijn oom lopen. Het bloed glinsterde in het licht van de vlammen. Ben Palmer kreunde even, maar hij bewoog zich niet.

Adrians blik ging naar de mummies, die verspreid door het vertrek stonden en lagen. Het was moeilijk te geloven dat Sari en hij er straks ook zo bij zouden staan. Even overwoog hij om zich boven op Ahmed te gooien en te proberen de Egyptenaar te overmeesteren. Misschien zou het hem lukken de toorts te grijpen en Ahmed de dolk afhandig te maken.

Maar na een blik op de vlijmscherpe dolk bedacht Adrian zich. Het wapen glinsterde venijnig in het licht van de toorts, alsof het Adrian wilde waarschuwen zich gedeisd te houden. Hij zuchtte. Het was duidelijk dat hij een volwassen man met een mes en een toorts nooit aan zou kunnen. Hij leek wel gek. Hij zou deze piramide nooit meer uit komen.

Adrians maag verkrampte en hij sloot even zijn ogen.

„Laat ons gaan. Alstublieft," hoorde hij Sari opeens smeken.

Adrian opende zijn ogen. Hij zag dat de Egyptenaar naar het gemetselde bad liep en zijn toorts bij de branders hield. Even later laaide het vuur hoog op.

Adrian en Sari keken als verstijfd toe.

„Nu wachten we tot de hars kookt," mompelde Ahmed.

Het angstzweet brak Adrian aan alle kanten uit. Hij zou toch niet...?

De schaduwen die het licht van de vlammen wierpen, flakkerden over Ahmeds gezicht en kleding. Het had een tafereel van vierduizend jaar geleden kunnen zijn, dacht Adrian. De Egyptenaar bukte zich en pakte Ben Palmer beet. Hij begon Sari's vader over de grond te slepen.

„Laat m'n vader los!" gilde Sari. Ze vloog op Ahmed af.

Adrian zag dat zijn nichtje de Egyptenaar wilde aanvallen zonder aan de dolk te denken. Hij sprintte Sari achterna en greep haar bij haar schouders vast.

Ahmed zou geen genade kennen, besefte Adrian, terwijl hij de tegenspartelende Sari tegenhield. Als Sari hem in de weg zat, zou hij haar zonder pardon neersteken.

Angstig volgde Adrian de verrichtingen van de Egyptenaar. Met verbazingwekkende kracht sleepte Ahmed Ben Palmer over de grond naar een van de openstaande houten doodskisten tegen de muur. Daar trok hij Sari's vader overeind en duwde hem krachtig in de rechtopstaande doodskist. Zonder zelfs maar te hijgen, deed Ahmed het deksel dicht.

Daarna draaide hij zich om naar Adrian en Sari. „De hars is voorlopig nog niet heet genoeg. Jullie zullen zo lang hierin moeten wachten." Hij wees over zijn schouder naar een immense stenen sarcofaag op een voetstuk, die naast de doodskist van oom Ben stond. Adrian schatte dat de kist anderhalf keer zo lang was als hij en drie keer zo breed.

„Laat ons alsjeblieft gaan!" smeekte Sari wanhopig. „En mijn vader ook. We zullen niemand vertellen wat er hier is gebeurd. Echt niet!"

„Ga die sarcofaag in," beval Ahmed kortaf. „Zodra de hars kookt, mogen jullie eruit."

„En als we dat niet doen?" Adrian beefde van top tot teen en hij hoorde het bloed in zijn oren suizen. Het drong niet eens tot hem door dat hij iets had gezegd. Hij was zo bang dat hij zichzelf niet hoorde praten.

„De kist in," herhaalde Ahmed. „Daar kunnen jullie wachten tot ik jullie eruit haal."

„Ik ga niet!" Adrian schudde koppig zijn hoofd. Hij keek in de enorme sarcofaag. Het stonk daarbinnen zo vreselijk, dat hij even kokhalsde.

Binnen in de kist had het vuil van eeuwen zich opgehoopt. In het licht van de vlammen van de branders meende Adrian tientallen insecten te zien rondkruipen.

„Die kist in... NU!" beval Ahmed.

HOOFDSTUK 16

Bevend van angst klom Sari op de verhoging en stapte de eeuwenoude sarcofaag in.

Heel even flitste het door Adrians hoofd dat het weer net zo ging als anders. Zijn nichtje wilde altijd en overal de eerste zijn. Dit was echter de eerste keer dat Adrian daar geen bezwaar tegen had.

Hij aarzelde even en steunde met zijn hand op de ijskoude rand van de sarcofaag. Zijn blik ging naar de houten doodskist ernaast, de kist waarin zijn oom zat opgesloten.

Angstig vroeg hij zich af of zijn oom daarbinnen wel kon ademen. Zou er genoeg zuurstof zijn? Ach, wat deed het er eigenlijk toe? Het zou niet lang duren voordat ze alle drie dood waren en voor eeuwig opgesloten zaten in dit gewijde vertrek.

Onwillekeurig gingen Adrians gedachten naar zijn ouders. Wat zouden die doen als ze terugkwamen uit Alexandrië en hun zoon nergens konden vinden? Zou hun speurtocht lang duren? Ze zouden vast wel begrijpen dat er iets heel ernstigs aan de hand was, vooral omdat Ben Palmer en Sari ook verdwenen waren. Misschien kwamen zijn ouders nog op tijd...

„Erin! Nu meteen!" herhaalde Ahmed. Zijn ogen brandden in die van Adrian.

„U dacht toch niet dat u ongestraft drie mensen kunt vermoorden, hè?" Adrian begreep zelf niet waar hij de woorden vandaan haalde. „De kranten zullen er vol van staan: 'Drie buitenlanders verdwenen in Egypte'. Ze zullen niet rusten voor ze de dader gevonden hebben, dat snapt u toch zelf ook wel? We zijn te jong om nu al dood te gaan!"

Hij zag dat er een onaangename grijns over Ahmeds gezicht gleed. „Sommige farao's waren anders van jouw leeftijd toen ze stierven," merkte de Egyptenaar op.

Adrian probeerde wanhopig een manier te bedenken om hem aan de praat te houden. Misschien zou hij intussen iets kunnen verzinnen om te ontsnappen. Maar hij kon niets meer bedenken om te zeggen. Zijn hersenen weigerden dienst.

„Doe je nu eindelijk wat ik zeg?" Ahmed kwam dreigend op Adrian af.

Verslagen klom Adrian op de verhoging en ging naast Sari in de sarcofaag zitten.

Hij zag dat zijn nichtje haar hoofd had gebogen. Ze hield haar ogen stijf dicht en keek zelfs niet op, toen Adrian haar schouder aanraakte.

Langzaam sloot Ahmed het deksel van de sarcofaag. Het laatste wat Adrian zag, waren de rode vlammen die rond de branders onder het stenen bad dansten. Even later werd het stikdonker om hem heen.

„Adrian..." hoorde hij Sari fluisteren. „Ik ben bang."

Ondanks de situatie waarin ze zich bevonden, moest Adrian een beetje lachen om deze bekentenis. Zijn nichtje klonk verbaasd. Alsof bang zijn een heel nieuwe ervaring voor haar was. „Ik ben veel te bang om bang te zijn," fluisterde hij terug.

Hij voelde dat Sari naar zijn hand tastte en erin kneep. Haar vingers waren nog kouder en klammer dan de zijne. „Ahmed is echt gestoord," ging ze zachtjes verder.

„Dat kun je wel zeggen," beaamde Adrian. Hij gaf Sari's hand een geruststellend kneepje.

Het bleef even stil.

„Volgens mij zitten hier beesten," mompelde Sari even later. „Ik voel ze over me heen kruipen."

„Ik ook." Adrian schuurde even met zijn rug tegen de achterkant van de sarcofaag.

„Hoe zal het met mijn vader zijn?" vroeg Sari zich bezorgd af.

Adrian antwoordde niet. Hij merkte dat het steeds bedompter werd in de sarcofaag. Het stenen deksel sloot de kist hermetisch af. Hij probeerde geen aandacht te schenken aan de walgelijke, zurige stank, maar de geur bleef in zijn neus hangen en Adrian meende zelfs dat hij de lucht kon proeven. Hij hield zijn adem even in om het kokhalzen tegen te gaan.

„Straks stikken we nog," voorspelde Sari naast hem terneergeslagen.

„Welnee, dat zal wel meevallen," probeerde Adrian zijn nichtje moed in te spreken. Langzamerhand begon zijn hele lichaam zeer te doen van de houding waar hij in gedwongen was.

„Au!" Hij voelde dat Sari naar een insect op haar arm sloeg.

„Misschien gebeurt er een wonder," ging Adrian hoopvol verder. Het leek hem nogal onwaarschijnlijk, maar hij wist niet wat hij anders moest zeggen.

„Het enige waar ik steeds aan moet denken, is dat Ahmed straks die haak door mijn neus prikt en zo mijn hersenen naar buiten trekt," jammerde Sari zacht. „Waarom heb je me dat enge verhaal eigenlijk verteld?"

Adrian probeerde een antwoord te bedenken, maar er schoot hem niets te binnen. Opeens zag hij hetzelfde beeld voor zich en een nieuwe golf van misselijkheid spoelde door hem heen.

„Laten we nu niet in paniek raken," zei hij vastberaden. „We moeten iets bedenken om te ontsnappen." Met uiterste krachtsinspanning probeerde hij de dikke, zurige stank te negeren.

„Hoe dan?" Sari's stem klonk moedeloos.

„We moeten het deksel van de kist proberen te krijgen," stelde Adrian voor. „Als we samen duwen, dan lukt het ons misschien..."

Hij zette zijn handen en schouders tegen het deksel boven hem en voelde dat Sari naast hem hetzelfde deed. Fluisterend telde Adrian tot drie, waarna ze allebei uit alle macht begonnen te duwen.

Er gebeurde niets. Het deksel gaf geen millimeter mee.

„Misschien zit er een slot op, of heeft Ahmed er iets zwaars bovenop gezet," veronderstelde Sari met een terneergeslagen zucht. „Zo zwaar kan dat deksel toch niet zijn? Ahmed tilde het in z'n eentje."

„Ja, dat zal dan wel," gaf Adrian gelaten toe.

Ze zwegen weer een poosje. Adrian hoorde Sari zwaar ademen. Zijn slapen begonnen te kloppen en hij voelde zich steeds suffer worden. Rillend zag hij in gedachten de lange haak voor zich waarmee Ahmed hun hersenen naar buiten zou trekken. Adrian probeerde het beeld snel uit zijn hoofd te zetten, maar dat wilde niet erg lukken.

Langzaam verstreken de minuten. Adrian verloor alle besef van tijd en hij doezelde weg. Half versuft bedacht hij nog dat het waarschijnlijk kwam omdat de zuurstof in de sarcofaag begon op te raken. Sari leunde steeds zwaarder tegen hem aan. Dit was het einde, dacht Adrian. Uiteindelijk zouden ze allebei het bewustzijn verliezen en kon Ahmed ongestraft zijn gang gaan. Ze zouden voor eeuwig opgesloten zijn in het heilige vertrek van Khala.

Opeens was Adrian weer klaarwakker. Hij hoorde een krabbelend geluid. Het leek alsof er iets omhoog klauterde tegen de achterkant van de sarcofaag.

Eerst dacht hij dat Sari het met haar hand deed, maar zijn nichtje rechtte ook haar rug en bleef als verstijfd luisteren. Ze verroerden zich niet en spitsten hun oren.

Onverwachts voelden ze een schokje tegen de achterkant van de grafkist. Adrian voelde dat Sari zijn hand weer vastpakte.

Wat was dat? Een beest?

Op hetzelfde ogenblik hoorden ze een zacht gekreun. Sari kneep zo hard in Adrians hand, dat hij bijna een kreet slaakte van pijn.

Weer dat krabbelende geluid. Het kwam steeds hoger.

„Adrian..." Sari's stem was ijl en schril. „Wat is dat?"

Ingespannen luisterde Adrian naar het krabbelende geluid.

Het is geen rat, hield hij zichzelf voor. Dat bestaat niet. Hoe zouden er ratten in de piramide moeten komen?

Waarschijnlijk was het een insect. Een heel groot insect. Een kever of zo, die tegen de achterkant van de sarcofaag omhoogklom.

Adrian huiverde. Het schrapende geluid kwam al hoger en hoger. Opeens voelde hij weer een schokje. Tegelijkertijd had hij het gevoel dat de achterkant van de sarcofaag verdween. Adrian tuimelde bijna om. Hij zag dat Sari ook haar evenwicht dreigde te verliezen en greep haar vlug vast.

„Hé!" fluisterde een stem. „Zitten jullie hier?"

Adrian draaide zich om in de richting van het geluid. „Oom Ben!" Hij hapte naar adem en zijn hart ging als een razende tekeer, toen hij de stem van zijn oom herkende.

„Pap! Hoe...?" stotterde Sari. „W...waar kom je vandaan? W...waar ben je?"

„Hier. Ik zit achter de sarcofaag."

„Wat ben ik blij dat je er bent!"

Adrian kon het niet zien in de inktzwarte duisternis van de sarcofaag, maar hij meende aan de stem van zijn nichtje te horen dat ze huilde.

„Niets aan de hand, alles komt goed," troostte haar vader, in een poging haar te kalmeren.

„Hoe bent u eigenlijk uit die doodskist gekomen?" vroeg Adrian verbouwereerd.

„Ahmed had hem niet goed afgesloten," legde Ben Palmer uit. „Waarschijnlijk verwachtte hij dat ik voorlopig toch niet bij zou komen. En jullie hebben het geluk gehad dat Ahmed jullie in een sarcofaag heeft gestopt, waarin een verborgen luik zit. Soms maakten de Egyptenaren verborgen deuren of luiken in hun sarcofagen, om de ziel van de overledene de kans te geven naar buiten te gaan. Het verbaast me dat Ahmed er niet aan heeft gedacht om dat te controleren voordat hij jullie opsloot."

„Blij toe," was het enige wat Adrian wist uit te brengen.

„Waarschijnlijk heeft Ahmed het zo druk met zijn oude vloek, dat hij er niet bij stil heeft gestaan." Adrian voelde de hand van zijn oom op zijn schouder. „Kom mee, jongens. We gaan er vandoor."

„Maar Ahmed is daar misschien nog..." begon Adrian ongerust.

„Nee," onderbrak zijn oom hem. „Ahmed is weg. Nadat ik uit mijn sarcofaag ben ontsnapt, heb ik eerst het vertrek doorzocht. Ahmed is nergens te bekennen. Misschien wilde hij ons net zo lang in de sarcofagen laten zitten tot we gestikt waren."

„Dat was hem dan bijna gelukt," constateerde Adrian.

„Kom mee, we gaan," herhaalde zijn oom.

Op de tast wurmde Sari zich door het smalle luik naar buiten. Adrian volgde zijn nichtje op de voet. Het luik was zo nauw, dat hij zich er ternauwernood doorheen kon persen. Het was maar goed dat zijn oom er niet door hoefde.

Eenmaal buiten de sarcofaag haalde Adrian diep adem. Toen hij net in deze ruimte was, was hij misselijk geworden van de akelige, zure stank. Nu had hij het gevoel dat hij nog nooit zulke heerlijk frisse lucht had ingeademd.

Het duurde even voordat Adrians ogen gewend waren aan het felle licht van de rode vlammen, die nog steeds onder het stenen bad dansten. Het vuur wierp griezelige, donkere schaduwen op de wanden van het vertrek. Adrian keek naar de mummies, die verspreid door het vertrek stonden. De schaduwen gleden ook over hun gezichtloze gedaantes.

Toen hij naar zijn oom keek, ontdekte Adrian dat die een grote, vurige schaafplek aan de zijkant van zijn hoofd had. Een straaltje opgedroogd bloed liep langs Ben Palmers wang naar beneden.

„Kom, we moeten maken dat we hier wegkomen voordat Ahmed terugkeert," drong oom Ben aan. Hij legde zijn handen op de schouders van Adrian en Sari en duwde hen zachtjes in de richting van de touwladder.

Plotseling bleef Ben Palmer staan. „Dit is te riskant," zei hij, hardop denkend. „Kom mee. We nemen de gang. Schiet op."

Ze draaiden zich alle drie om en haastten zich door het vertrek naar de andere kant. Opeens struikelde Adrian. Hij keek naar beneden en zag dat zijn veter weer eens was losgeraakt. Maar hij peinsde er niet over om te blijven staan om het ding vast te maken! Niet nu ze op het punt stonden dit griezelige vertrek te verlaten!

Ze hadden de gang al bereikt, toen die zich plotseling leek te vullen met een oranje licht. Op hetzelfde ogenblik verscheen Ahmed levensgroot in de opening, met de fakkel in zijn hand.

HOOFDSTUK 17

Met een ruk bleven Adrian, Sari en Ben Palmer staan.

Ahmed herstelde zich als eerste van de schok. „Wat waren jullie van plan? Wilden jullie soms ontsnappen?" Er gleed een verbeten trek over Ahmeds gezicht. „Dat zal jullie helaas niet lukken!"

Hij deed een uitval met de fakkel in de richting van Ben Palmer. Die was er deze keer beter op bedacht en liet zich razendsnel achterover vallen, buiten het bereik van de sissende vlammen. Adrian sloot even zijn ogen, toen hij de klap hoorde waarmee zijn oom op de grond terechtkwam. Ben Palmer slaakte een kreet van pijn.

Adrian opende zijn ogen weer. Hij zag dat de Egyptenaar gemeen grijnsde.

„Jullie hebben Khala's toorn over jezelf afgeroepen." Ahmed hief de fakkel dreigend boven zijn hoofd en reikte naar de dolk in de gordel rond zijn middel. „Jullie tijd is nu echt gekomen."

Adrian en Sari wisselden een blik.

„De hars is heet genoeg. De plechtigheid kan beginnen," deelde de Egyptenaar mee.

Adrian hoorde dat Sari haar adem inhield.

Ben Palmer was intussen met een van pijn verwrongen gezicht overeind gekrabbeld. Hij ging achter Adrian en Sari staan en sloeg zijn armen om hen heen. „Ahmed, kunnen we hier niet rustig over praten?" vroeg hij.

„Naar het bad," beval Ahmed. Hij priemde met de brandende toorts dreigend in hun richting.

„Toe nou, Ahmed!" smeekte Ben Palmer.

Ahmed negeerde hem. Dreigend met de toorts en woest zwaaiend met de dolk, dwong hij het drietal naar de rand van het gemetselde bad te lopen.

De zwarte hars borrelde en pruttelde, en er steeg een scherpe geur op uit het bad. De stoom die eraf kwam, was zo heet dat Adrian het gevoel kreeg dat zijn gezicht in brand stond.

„Jullie gaan er om de beurt in," klonk de stem van de Egyptenaar, die een paar meter achter hen was blijven staan. „Doen jullie dat niet, dan zie ik me genoodzaakt jullie een handje te helpen."

„Ahmed..." begon Ben Palmer weer, maar Ahmed deed een stap naar voren en streek met de fakkel langs het gezicht van Adrians oom. Oom Ben deinsde achteruit.

„Het is mijn plicht," zei Ahmed plechtig. „Ik heb de taak Khala's opdracht uit te voeren."

De hitte die uit het bad opsteeg, was zo overweldigend, dat Adrian even dacht dat hij flauw zou vallen. Alles begon voor zijn ogen te draaien en hij werd opeens duizelig.

Hij stak zijn handen in de zakken van zijn spijkerbroek, en het lukte hem met moeite om zich te herstellen. Zijn hand sloot zich om een voorwerp, waaraan hij geen seconde meer had gedacht.

De mummiehand!

Zonder erbij na te denken, haalde Adrian de kleine hand te voorschijn. In een flits draaide hij zich om en hief de mummiehand hoog op.

Achteraf kon Adrian niet uitleggen waarom hij dat had

gedaan of wat er op dat ogenblik door hem heen ging. Misschien dacht hij onbewust aan het verhaal over de hand, dat de man van wie hij het ding had gekocht hem verteld had. Hoe dan ook, hij draaide zich om en hield de mummiehand hoog in de lucht.

Ahmed keek er verrast naar.

Heel even leek de tijd stil te staan.

Sari en Ben Palmer staarden verbaasd naar de hand. Ahmed liet de fakkel een paar centimeter zakken. Zijn ogen werden groot en zijn mond viel open van verbazing.

Plotseling gilde hij het uit.

Adrian verstond niet wat hij zei, want de woorden werden uitgesproken in een taal die hij niet kende. Even later deinsde de Egyptenaar achteruit. Zijn verrassing maakte plaats voor angst.

„De hand van de priesteres!" schreeuwde hij.

Naderhand durfde Adrian niet met zekerheid te beweren dat Ahmed dat werkelijk had gezegd, want op hetzelfde ogenblik werd hij afgeleid door iets wat er achter de Egyptenaar gebeurde. Hij staarde ongelovig over Ahmeds schouder.

Een mummie die tegen de muur had gestaan, leek zich naar voren te buigen. Een tweede mummie die op zijn rug lag, kwam langzaam en krakend overeind.

Adrian voelde dat de arm waarin hij de mummiehand vasthield, begon te trillen. Hij wierp een blik opzij en zag dat zijn oom en Sari al even verbijsterd waren.

Met open mond keken ze om zich heen en zagen hoe

het grote vertrek langzaam tot leven kwam.

Krakend en kreunend kwamen de mummies in beweging. De lucht werd gevuld met de stank van oud stof en verrotting.

In het schemerige licht zagen ze hoe de mummies hun gezwachtelde armen boven hun gezichtloze hoofden strekten. Langzaam... moeizaam.

Wankelend en met stijve benen kwamen de mummies naar voren.

Adrian stond als vastgenageld aan de grond. Hij zag hoe ze uit hun doodskisten klommen, van de grond omhoog krabbelden, zich naar voren bogen en hun eerste langzame, moeilijke stappen zetten, met krakende gewrichten en stofwolken die uit hun droge, dode lichamen opwaaiden.

Ze zijn toch dood? dacht hij versuft. Ze zitten hier al jaren, sommigen al eeuwen, opgesloten!

Maar nu kwamen de mummies overeind. Ze kwamen uit hun doodskisten en bewogen zich moeizaam door het vertrek met zware, stramme benen.

Hun gezwachtelde voeten sleepten over de grond en Adrian zag dat ze in een groep bij elkaar gingen staan.

Langzaam en dreigend kwam het gezichtloze leger in een grote groep naderbij. Met hun gezwachtelde armen naar voren wankelden ze in de richting van het stenen bad, krakend en kreunend.

Ahmed hoorde dat er achter hem gevaar dreigde. Hij draaide zich met een ruk om. Weer schreeuwde hij iets in die vreemde taal, toen hij de mummies langzaam en doelbewust dichterbij zag komen.

Met een onverwachte beweging smeet de Egyptenaar de fakkel naar de mummie die voorop liep.

De fakkel trof de mummie op zijn borst. De vlammen sloegen uit de linnen zwachtels en verspreidden zich onmiddellijk over het hele lichaam.

Maar de mummie bleef dichterbij komen. Hij vertraagde zijn pas nauwelijks en reageerde op geen enkele manier op het vuur dat hem snel verteerde.

Bevend van angst en een eindeloze stroom woorden uitbrakend in die geheimzinnige taal, probeerde Ahmed zich uit de voeten te maken. Maar hij was te laat.

De brandende mummie wierp zich boven op hem. Hij greep Ahmed bij zijn armen vast en tilde hem hoog boven zijn brandende schouders.

Ahmed gaf een schelle gil van angst toen de andere mummies ook naar voren kwamen. Zuchtend en kreunend onder hun vergeelde zwachtels schoten ze hun brandende collega te hulp.

Met z'n allen tilden ze Ahmed hoog boven hun hoofden. Langzaam bewogen ze zich in de richting van de kokende hars.

De Egyptenaar worstelde om zich te bevrijden. Zijn gezicht verstarde van angst toen de mummies hem hoog boven het kokende, borrelende, stomende bad hielden.

Adrian sloot zijn ogen. Het vertrek draaide om hem heen. Hij had het gevoel of hij werd opgeslokt en naar beneden werd gezogen in die kokende duisternis.

Toen hij zijn ogen weer opende, zag hij Ahmed wegrennen door de gang, onhandig struikelend en schreeuwend van angst. De mummies hadden zich verzameld rond het stenen bad.

Op hetzelfde ogenblik drong het tot Adrian door dat hij de mummiehand nog steeds boven zijn hoofd hield. Hij liet zijn arm zakken en keek naar Sari en haar vader. Die staarden hem met verbijsterde gezichten aan.

„De m...mummies..." stotterde Adrian.

„Kijk," wees Sari.

Adrian volgde de richting van haar vinger. De mummies schuifelden weer allemaal terug naar hun plaatsen. Even later werd het weer rustig in het vertrek en leek het of er niets was gebeurd. Adrian keek verward om zich heen. Had hij het zich allemaal verbeeld? Hij had toch met eigen ogen gezien dat de mummies overeind waren gekomen en Ahmed hadden vastgegrepen? Adrian schudde zijn hoofd. Het verhaal van de man van wie hij de mummiehand had gekocht, was niet verzonnen.

De mummiehand had hun leven gered.

„Het is voorbij." Ben Palmer sloeg zijn armen om de schouders van Adrian en Sari.

„Laten we hier alsjeblieft snel weggaan," stelde Sari voor. Ze keek Adrian aan. „Je hebt ons leven gered." Het kostte haar duidelijk moeite de woorden over haar lippen te krijgen.

Adrian zag dat zijn oom naar het voorwerp keek dat hij nog steeds in zijn hand geklemd hield. „Sari heeft gelijk. Bedankt dat je ons de helpende hand hebt toegestoken," zei Ben Palmer met een flauwe glimlach.

De volgende morgen legde Ben Palmer met een tevreden gezicht de hoorn op het toestel. „Het gaat al een heel stuk beter met Dave en Mehemed," deelde hij mee. „Toen de artsen eenmaal wisten waar ze naar moesten zoeken, hadden ze het snel gevonden. Dus die betovering is ook opgeheven."

Met een grijns pakte Adrian de mummiehand uit zijn broekzak en hield hem hoog in de lucht. „O, mummiehand," zei hij plechtig, „hierbij roep ik de geesten opnieuw op. Keer terug tot het rijk der levenden, oude Egyptenaren."

„Doe niet zo stom, joh," snauwde Sari. Ze greep naar de mummiehand, maar Adrian hield die net buiten haar bereik. „Je bent echt niet leuk, hoor," ging ze kwaad verder. „Over zulke dingen moet je geen grappen maken."

„Wat doe je raar. Ben je soms bang?" tartte Adrian. Hij grijnsde triomfantelijk. Ver buiten Sari's bereik hief hij de hand opnieuw op. „Ik roep u op, geesten van de doden. Kom naar me toe. Kom. Ik beveel het u."

Plotseling ging de deur open. Heel langzaam.

Ben Palmer sprong zo wild op, dat hij zijn koffiekopje omstootte. De koffie druppelde over de tafelrand op de grond.

Adrian bleef als vastgenageld zitten met de mummiehand hoog boven zijn hoofd. Langzaam liet hij zijn arm zakken. De deur zwaaide nu helemaal open.

Twee schemerige gedaantes kwamen de kamer in.

Adrian vloog van tafel. „Pap, mam! Jullie geloven nooit wat wij allemaal hebben meegemaakt!"